中华人民共和国行业标准

公路钢结构桥梁设计规范

Specifications for Design of Highway Steel Bridge

JTG D64—2015

主编单位：中交公路规划设计院有限公司
批准部门：中华人民共和国交通运输部
实施日期：2015 年 12 月 01 日

人民交通出版社股份有限公司

图书在版编目（CIP）数据

公路钢结构桥梁设计规范：JTG D64—2015 / 中交公路规划设计院有限公司主编. —北京：人民交通出版社股份有限公司，2015.10
ISBN 978-7-114-12507-2

Ⅰ.①公… Ⅱ.①中… Ⅲ.①公路桥—钢结构—桥梁设计—设计规范—中国 Ⅳ.①U448.14-65

中国版本图书馆 CIP 数据核字（2015）第 224671 号

标准类型：	中华人民共和国行业标准
标准名称：	公路钢结构桥梁设计规范
标准编号：	JTG D64—2015
主编单位：	中交公路规划设计院有限公司
责任编辑：	李 农
出版发行：	人民交通出版社股份有限公司
地　　址：	（100011）北京市朝阳区安定门外外馆斜街 3 号
网　　址：	http://www.ccpress.com.cn
销售电话：	（010）59757973
总 经 销：	人民交通出版社股份有限公司发行部
经　　销：	各地新华书店
印　　刷：	北京市密东印刷有限公司
开　　本：	880×1230　1/16
印　　张：	10.75
字　　数：	240 千
版　　次：	2015 年 10 月　第 1 版
印　　次：	2022 年 11 月　第 5 次印刷
书　　号：	ISBN 978-7-114-12507-2
定　　价：	80.00 元

（有印刷、装订质量问题的图书，由本公司负责调换）

中华人民共和国交通运输部

公 告

第 46 号

交通运输部关于发布
《公路钢结构桥梁设计规范》的公告

现发布《公路钢结构桥梁设计规范》（JTG D64—2015），作为公路工程行业标准，自 2015 年 12 月 1 日起施行，原《公路桥涵钢结构及木结构设计规范》（JTJ 025—86）同时废止。

《公路钢结构桥梁设计规范》（JTG D64—2015）的管理权和解释权归交通运输部，日常解释和管理工作由主编单位中交公路规划设计院有限公司负责。

请各有关单位在实践中注意总结经验，及时将发现的问题和修改意见函告中交公路规划设计院有限公司（地址：北京市德胜门外大街 83 号德胜国际中心 B 座 407 室，邮编：100088），以便修订时研用。

特此公告。

中华人民共和国交通运输部
2015 年 10 月 16 日

前 言

根据交通部交公路发〔2006〕439号《关于下达2006年度公路工程标准制修订项目计划的通知》的要求，由中交公路规划设计院有限公司作为主编单位承担对《公路桥涵钢结构及木结构设计规范》（JTJ 025—86）的修订工作。经批准颁发后以《公路钢结构桥梁设计规范》（JTG D64—2015）颁布实施。

在修订过程中，规范修订组进行了大量的科研工作，吸取了国内其他单位的研究成果和实际工程设计经验；参考、借鉴了国内外相关标准规范。在规范条文初稿编写完成以后，通过多种方式广泛征求了设计、施工、建设、管理等有关单位和专家的意见，并经过反复讨论、修改，最终定稿。

本次修订的主要内容包括：调整了规范适用范围；采用了以概率理论为基础的极限状态设计方法（钢结构疲劳计算除外）；改进了钢结构的稳定和疲劳设计与计算方法，并增加了疲劳荷载模型；补充和完善了钢板梁、钢桁梁、组合梁、缆索系统、支座与伸缩装置的计算和构造规定；增加了钢箱梁、钢管结构、钢塔、防护及维护设计的相关规定。

请各有关单位在执行过程中，将发现的问题和意见，函告本规范日常管理组，联系人：刘晓娣（地址：北京市德胜门外大街83号德胜国际中心B座407室，中交公路规划设计院有限公司，邮编：100088，传真：010-82017041，电子邮箱：sssohpdi@163.com），以便修订时研用。

主 编 单 位：中交公路规划设计院有限公司
参 编 单 位：同济大学
　　　　　　　　西南交通大学
　　　　　　　　北京交通大学
　　　　　　　　清华大学
　　　　　　　　长安大学
　　　　　　　　东南大学
　　　　　　　　中铁宝桥集团有限公司
　　　　　　　　中铁山桥集团有限公司
主　　　　编：张喜刚
主要参编人员：裴岷山　赵君黎　吴　冲　强士中　雷俊卿　聂建国
　　　　　　　　王春生　陈惟珍　程　刚　张　克　黄李骥　冯　苠

参与审查人员：
冯良平　刘玉擎　姚　波　刘晓娣　钱叶祥　胡广瑞
万珊珊　徐君兰　王福敏　李怀峰　韩大章　代希华
廖建宏　李军平　沈永林　杨耀铨　张子华　王志英
田克平　包琦玮　姚　翔　郭晓东　黎立新

目　次

1 总则 ··· 1
2 术语和符号 ··· 2
　2.1 术语 ·· 2
　2.2 符号 ·· 3
3 材料及设计指标 ·· 6
　3.1 材料 ·· 6
　3.2 设计指标 ·· 8
4 结构分析 ·· 12
　4.1 结构分析模型 ··· 12
　4.2 结构强度、稳定与变形计算 ·· 12
5 构件设计 ·· 14
　5.1 一般规定 ·· 14
　5.2 轴心受力构件 ··· 20
　5.3 受弯构件 ·· 21
　5.4 拉弯、压弯构件 ·· 27
　5.5 抗疲劳设计 ··· 28
6 连接的构造和计算 ··· 33
　6.1 一般规定 ·· 33
　6.2 焊接连接 ·· 33
　6.3 栓、钉连接 ··· 39
7 钢板梁 ··· 44
　7.1 一般规定 ·· 44
　7.2 翼缘 ·· 44
　7.3 腹板 ·· 45
　7.4 纵横向联结系 ··· 46
8 钢箱梁 ··· 47
　8.1 一般规定 ·· 47
　8.2 正交异性钢桥面板 ··· 47
　8.3 翼缘板 ··· 48

8.4	腹板	48
8.5	横隔板	49
9	**钢桁梁**	**50**
9.1	一般规定	50
9.2	杆件	50
9.3	节点板	50
9.4	联结系	52
10	**钢管结构**	**53**
10.1	一般规定	53
10.2	构造要求	55
10.3	计算规定	57
11	**钢—混凝土组合梁**	**59**
11.1	一般规定	59
11.2	承载能力极限状态计算	60
11.3	正常使用极限状态计算	61
11.4	连接件设计	62
11.5	构造	63
12	**钢塔**	**65**
12.1	一般规定	65
12.2	构造要求	65
13	**缆索系统**	**67**
13.1	一般规定	67
13.2	结构设计	67
14	**钢桥面铺装**	**70**
15	**防护及维护设计**	**72**
16	**支座与伸缩装置**	**73**
16.1	支座	73
16.2	伸缩装置	74
附录 A	**轴心受压构件整体稳定折减系数**	**76**
附录 B	**受压加劲板的弹性屈曲系数**	**81**
附录 C	**疲劳细节**	**84**
附录 D	**损伤等效系数计算方法**	**96**
附录 E	**节点板撕裂强度、剪应力和法向应力验算**	**99**
附录 F	**组合梁翼缘有效宽度计算**	**101**
本规范用词用语说明		**103**

附件　《公路钢结构桥梁设计规范》（JTG D64—2015）条文说明	105
1　总则	107
2　术语和符号	109
3　材料及设计指标	110
4　结构分析	113
5　构件设计	115
6　连接的构造和计算	119
7　钢板梁	128
8　钢箱梁	130
9　钢桁梁	136
10　钢管结构	140
11　钢—混凝土组合梁	142
12　钢塔	147
13　缆索系统	149
14　钢桥面铺装	150
15　防护及维护设计	153
16　支座与伸缩装置	154
附录A　轴心受压构件整体稳定折减系数	157
附录B　受压加劲板的弹性屈曲系数	159
附录F　组合梁翼缘有效宽度计算	160

1 总则

1.0.1 为规范公路钢结构桥梁的设计，提高设计水平，保障工程质量，按照安全、耐久、适用、环保、经济和美观的原则，制定本规范。

1.0.2 本规范适用于各等级公路钢结构桥梁和桥梁钢结构设计。

1.0.3 本规范采用以概率理论为基础的极限状态设计方法，按照分项系数的设计表达式进行设计。

1.0.4 公路钢结构桥梁应进行耐久性设计，特大桥、大桥、中桥主体结构应按不小于100年设计使用年限进行设计，高速公路、一级公路、二级公路上的小桥主体结构宜按不小于100年设计使用年限进行设计。

1.0.5 公路钢结构桥梁应按《公路桥涵设计通用规范》（JTG D60—2015）的要求，考虑设计状况并开展相应的极限状态设计。

1.0.6 公路钢结构桥梁设计应提出对制作、运输、安装、养护、管理等的要求，选择合理的结构形式，宜采用标准化、通用化的结构单元和构件，构造与连接应便于制作、安装、检查和维护。

1.0.7 公路钢结构桥梁设计除应符合本规范外，尚应符合国家和行业现行有关标准的规定。

2 术语和符号

2.1 术语

2.1.1 屈曲 buckling

杆件或板件在轴心压力、弯矩、剪力单独或共同作用下突然发生与原受力状态不符的较大变形而失去稳定。

2.1.2 整体稳定性 overall stability

在外荷载作用下，整个结构或构件抵抗侧向屈曲或失稳的能力。

2.1.3 局部失稳 local stability failure

钢结构中，受压、受弯、受剪或在复杂应力下的板件由于宽厚比过大，板件发生屈曲的现象。

2.1.4 有效宽度 effective width

在进行截面强度和稳定计算时，假定板件有效的那一部分宽度。

2.1.5 有效宽度系数 effective width factor

板件有效宽度与板件实际宽度的比值。

2.1.6 构件计算长度 effective length

构件在其有效约束点间的几何长度乘以考虑杆端变形情况和所受荷载情况的系数而得的等效长度，用以计算构件的长细比。

2.1.7 焊缝计算长度 effective length of weld

计算焊缝连接强度时采用的焊缝长度。

2.1.8 长细比 slenderness ratio

构件计算长度与构件截面回转半径的比值。

2.1.9 换算长细比 equivalent slenderness ratio

在轴心受压构件的整体稳定计算中，按临界力相等的原则，将格构式构件换算为实腹构件进行计算时所对应的长细比或将弯扭与扭转失稳换算为弯曲失稳时采用的长细比。

2.1.10 钢—混凝土组合梁 steel and concrete composite beam

由钢梁和混凝土板连成整体并且在横截面内能够共同受力的构件。

2.1.11 受压板件 compressed slab

承受压应力的钢板板件。

2.1.12 加劲板 stiffened plate

由纵向加劲肋加强的翼板被腹板、横隔板或由纵、横向加劲肋加强的腹板被翼板和横隔板分割成的若干个有加劲肋的部分板件。由母板和加劲肋组成，加劲肋焊接于母板上。

2.1.13 板元 sub-panel

加劲板被加劲肋分割成的若干个无加劲肋的部分板。

2.2 符号

2.2.1 材料性能有关符号

f_y——钢材的屈服强度；

f_d——钢材的抗拉、抗压和抗弯强度设计值；

f_{vd}——钢材的抗剪强度设计值；

f_{cd}——钢材的端面承压强度设计值；

f_{td}^a——锚栓的抗拉强度设计值；

f_{fd}^w——角焊缝的抗拉、抗剪和抗压强度设计值；

f_{td}^b、f_{vd}^b、f_{cd}^b——螺栓的抗拉、抗剪和承压强度设计值；

f_{td}^r、f_{vd}^r、f_{cd}^r——铆钉的抗拉、抗剪和承压强度设计值；

f_{td}^w、f_{vd}^w、f_{cd}^w——对接焊缝的抗拉、抗剪和抗压强度设计值；

E——钢材的弹性模量；

E_c——混凝土的弹性模量；

G——钢材的剪切模量。

2.2.2 作用效应和抗力有关符号

N_d——轴心力设计值；

$N_{cr,y}$、$N_{cr,z}$——轴心受压构件的整体稳定欧拉荷载；

N_v、N_t——某个普通螺栓或铆钉所承受的剪力和拉力；

N_{vd}^b、N_{td}^b、N_{cd}^b——单个螺栓的受剪、受拉和承压承载力设计值；

N_{vd}^r、N_{td}^r、N_{cd}^r——单个铆钉的受剪、受拉和承压承载力设计值；

P——单个高强度螺栓的预拉力；

M_y、M_z——计算截面的弯矩设计值；

$M_{cr,y}$、$M_{cr,z}$——在 M_y 和 M_z 作用平面内的弯矩单独作用下，考虑约束影响的构件弯扭失稳模态的整体弯扭弹性屈曲弯矩；

$\sigma_{E,cr}$——轴心受压构件弹性稳定欧拉应力；

σ_{max}、σ_{min}——最大和最小正应力；

$\Delta\sigma_k$、$\Delta\tau_k$——疲劳荷载正应力和剪应力作用标准值；

$\Delta\sigma_C$、$\Delta\tau_C$——疲劳细节类别抗力；

τ——剪应力；

τ_{max}、τ_{min}——最大和最小剪应力。

2.2.3 几何参数有关符号

a——长度、间距；

b——宽度；

d——直径；

e_N——偏心距；

h——高度；

h_w——腹板计算高度；

l——长度、跨径；

n——高强度螺栓数目；

t——厚度；

t_w——腹板厚度；

A——构件截面面积；

A_0——净截面面积；

A_{eff}——同时考虑剪力滞和局部稳定影响的受压翼缘有效截面面积；

$A_{eff,c}$——考虑局部稳定影响的有效截面面积；

$A_{eff,s}$——考虑剪力滞影响的有效截面面积；

A_s——钢梁截面面积；

A_c——混凝土桥面板截面面积。

I_t——毛截面抗扭惯性矩；

I_ω——毛截面扇性惯性矩；

R——半径；

S——面积矩；

$W_{y,eff}$、$W_{z,eff}$——有效截面相对于 y 轴和 z 轴的截面模量；

α、θ'_i——夹角。

2.2.4 计算系数及其他有关符号

k——加劲板的弹性屈曲系数、连接件刚度系数；

k_c——弯矩换算系数；

n_0——钢材与混凝土弹性模量的比值；

ν——泊松比；

χ——轴心受压构件整体稳定折减系数；

$\chi_{LT,y}$、$\chi_{LT,z}$——在 M_y 和 M_z 作用平面内的弯矩单独作用下，构件弯扭失稳模态的整体稳定折减系数；

λ——轴心受压构件长细比；

λ_x、λ_y——构件对 x、y 轴的长细比：

$\bar{\lambda}_T$——相对长细比：

$\bar{\lambda}_y$、$\bar{\lambda}_z$——轴心受压整体稳定相对长细比；

$\bar{\lambda}_{LT,y}$、$\bar{\lambda}_{LT,z}$——弯扭稳定相对长细比；

$\bar{\lambda}_p$——受压板相对宽厚比；

$\beta_{m,y}$、$\beta_{m,z}$——相对于 M_y、M_z 的等效弯矩系数；

φ_{bx}——弯矩作用平面内的受弯构件稳定系数；

γ_0——结构重要性系数；

μ——冲击系数、摩擦面的抗滑移系数；

η——双向受弯相关系数。

3 材料及设计指标

3.1 材料

3.1.1 应根据结构形式、受力状态、连接方法及所处环境条件，合理地选用材料。

3.1.2 钢材宜选用 Q235 钢、Q345 钢、Q390 钢和 Q420 钢，其质量应分别符合现行《碳素结构钢》（GB/T 700）和《低合金高强度结构钢》（GB/T 1591）的规定。其中，Q235 钢中的沸腾钢不宜用于需要验算疲劳的，以及虽不需要验算疲劳但工作温度低于 -20℃时的焊接结构；也不宜用于需要验算疲劳且工作温度等于或低于 -20℃的非焊接结构。

3.1.3 有关牌号钢材冲击韧性应符合下列规定：

1 对需要验算疲劳的焊接构件，当桥梁的工作温度 t 处于 0℃ ≥ t > -20℃范围内时，Q235 和 Q345 的冲击韧性应满足表 3.1.3 中质量等级 C 的要求，而 Q390 和 Q420 的冲击韧性应满足质量等级 D 的要求；当桥梁工作温度 t ≤ -20℃时，Q235 和 Q345 的冲击韧性应满足表 3.1.3 中质量等级 D 的要求，而 Q390 和 Q420 的冲击韧性应满足质量等级 E 的要求。

2 对需要验算疲劳的非焊接构件，当桥梁工作温度 t ≤ -20℃时，Q235 和 Q345 的冲击韧性应满足表 3.1.3 中质量等级 C 的要求，而 Q390 和 Q420 的冲击韧性应满足质量等级 D 的要求。

表 3.1.3 钢材冲击韧性

钢材牌号	Q235		Q345		Q390		Q420	
质量等级	C	D	C	D	D	E	D	E
试验温度（℃）	0	-20	0	-20	-20	-40	-20	-40
冲击韧性（J）	27	27	34	34	34	27	34	27

3.1.4 当焊接结构采用 Z 向钢时，其材质应符合现行《厚度方向性能钢板》（GB/T 5313）的规定。

3.1.5 钢铸件采用的铸钢材质应符合现行《一般工程用铸造碳钢件》（GB/T 11352）

的规定。

3.1.6 销、铰、轴、斜拉索锚具等宜采用优质碳素结构钢锻制或轧制钢材，其材质应符合现行《优质碳素结构钢》（GB/T 699）的规定。

3.1.7 高强度螺栓、螺母、垫圈的技术条件应符合现行《钢结构用高强度大六角头螺栓》（GB/T 1228）、《钢结构用高强度大六角螺母》（GB/T 1229）、《钢结构用高强度垫圈》（GB/T 1230）、《钢结构用高强度大六角头螺栓、大六角螺母、垫圈技术条件》（GB/T 1231）、《钢结构用扭剪型高强度螺栓连接副》（GB/T 3632）的规定。

3.1.8 普通螺栓应符合现行《六角头螺栓 C 级》（GB/T 5780）和《六角头螺栓》（GB/T 5782）的规定。

3.1.9 铆钉应符合现行《标准件用碳素热轧圆钢》（GB/T 715）的规定。

3.1.10 锚栓的材料可采用 Q235 钢或 Q345 钢，其材质应符合现行《碳素结构钢》（GB/T 700）和《低合金高强度结构钢》（GB/T 1591）的规定。

3.1.11 圆柱头焊钉连接件的材料应符合现行《电弧螺柱焊用圆柱头焊钉》（GB/T 10433）的规定。

3.1.12 焊接材料应与主体钢材相匹配，并应符合下列规定：
1 手工焊接采用的焊条应符合现行《碳钢焊条》（GB/T 5117）或《低合金钢焊条》（GB/T 5118）的规定。对需要验算疲劳的构件宜采用低氢型碱性焊条。
2 自动焊和半自动焊采用的焊丝和焊剂应符合现行《熔化焊用钢丝》（GB/T 14957）、《气体保护电弧焊用碳钢、低合金钢焊丝》（GB/T 8110）、《碳钢药芯焊丝》（GB/T 10045）、《低合金钢药芯焊丝》（GB/T 17493）、《埋弧焊用碳钢焊丝和焊剂》（GB/T 5293）或《埋弧焊用低合金钢焊丝和焊剂》（GB/T 12470）的规定。

3.1.13 拉索、主缆和吊索等所用高强度钢丝、钢绞线及钢丝绳的技术性能应符合下列规定：
1 高强度钢丝应符合现行《桥梁缆索用热镀锌钢丝》（GB/T 17101）或《斜拉桥热挤聚乙烯高强钢丝拉索技术条件》（GB/T 18365）的规定。
2 钢绞线应符合现行《预应力混凝土用钢绞线》（GB/T 5224）或《高强度低松弛预应力热镀锌钢绞线》（YB/T 152）的规定。
3 钢丝绳应符合现行《重要用途钢丝绳》（GB 8918）、《一般用途钢丝绳》（GB/T 20118）或《粗直径钢丝绳》（GB/T 20067）的规定。

3.1.14 热铸锚头铸体材料应选用低熔点锌铜合金。冷铸锚头铸体材料可由环氧树脂、铁砂、矿料、固化剂等组成，其配比应由试验确定。

3.1.15 锚具、连接器、伸缩装置、阻尼器、鞍座等其他桥梁构件用结构钢应满足国家和行业现行产品标准的规定。

3.2 设计指标

3.2.1 钢材的强度设计值应根据钢材的不同厚度按表3.2.1的规定采用。

表3.2.1 钢材的强度设计值（MPa）

钢材		抗拉、抗压和抗弯 f_d	抗剪 f_{vd}	端面承压（刨平顶紧）f_{cd}
牌号	厚度（mm）			
Q235钢	≤16	190	110	280
	16~40	180	105	
	40~100	170	100	
Q345钢	≤16	275	160	355
	16~40	270	155	
	40~63	260	150	
	63~80	250	145	
	80~100	245	140	
Q390钢	≤16	310	180	370
	16~40	295	170	
	40~63	280	160	
	63~100	265	150	
Q420钢	≤16	335	195	390
	16~40	320	185	
	40~63	305	175	
	63~100	290	165	

注：表中厚度指计算点的钢材厚度，对轴心受拉和轴心受压构件指截面中较厚板件的厚度。

3.2.2 铸钢和锻钢的强度设计值应按表3.2.2的规定采用。

表3.2.2 铸钢和锻钢的强度设计值（MPa）

强度种类	钢号				
	ZG230-450	ZG270-500	ZG310-570	35号钢	45号钢
抗拉、抗压和抗弯 f_d	170	200	225	250	280
抗剪 f_{vd}	100	115	130	145	160
铰轴紧密接触时径向受压 f_{rdl}	85	100	110	125	140

续表 3.2.2

强度种类	钢号				
	ZG230-450	ZG270-500	ZG310-570	35号钢	45号钢
辊轴或摇轴自由接触时径向受压 f_{rd2}	6.5	8.0	9.0	10.0	11.0
销孔承压 f_{sd}	—	—	—	190	210

注：1. 铰轴紧密接触系指接触面为圆弧中心角为 2×45° 的接触；辊轴或摇轴自由接触系指轴与板平面的接触。
2. 计算紧密接触或自由接触受压强度时，其承压面积采用轴径截面。轴与板采用不同钢种时，径向受压设计值取用其较低者。

3.2.3 焊缝的强度设计值应按表 3.2.3 的规定采用。

表 3.2.3 焊缝的强度设计值（MPa）

焊接方法和焊条型号	构件钢材		对接焊缝				角焊缝
	牌号	厚度（mm）	抗压 f_{cd}^w	抗拉 f_{td}^w		抗剪 f_{vd}^w	抗拉、抗压或抗剪 f_{fd}^w
				焊缝质量等级			
				一级、二级	三级		
自动焊、半自动焊和E43型焊条的手工焊	Q235钢	≤16	190	190	160	110	140
		16～40	180	180	155	105	
		40～100	170	170	145	100	
自动焊、半自动焊和E50型焊条的手工焊	Q345钢	≤16	275	275	235	160	175
		16～40	270	270	230	155	
		40～63	260	260	220	150	
		63～80	250	250	215	145	
		80～100	245	245	210	140	
自动焊、半自动焊和E55型焊条的手工焊	Q390钢	≤16	310	310	265	180	200
		16～40	295	295	250	170	
		40～63	280	280	240	160	
		63～100	265	265	225	150	
	Q420钢	≤16	335	335	285	195	200
		16～40	320	320	270	185	
		40～63	305	305	260	175	
		63～100	290	290	245	165	

注：1. 对接焊缝受弯时，在受压区的抗弯强度设计值取 f_{cd}^w，在受拉区的抗弯强度设计值取 f_{td}^w。
2. 焊缝质量等级应符合现行《钢结构工程施工质量验收规范》（GB 50205）的规定。其中厚度小于 8mm 钢材的对接焊缝，不应采用超声波探伤确定焊缝质量等级。

3.2.4 普通螺栓和锚栓连接的强度设计值应按表 3.2.4 的规定采用。

表 3.2.4　普通螺栓和锚栓连接的强度设计值（MPa）

螺栓的性能等级、锚栓和构件钢材的牌号		普通螺栓						锚栓
		C 级			A、B 级			
		抗拉 f_{td}^b	抗剪 f_{vd}^b	承压 f_{cd}^b	抗拉 f_{td}^b	抗剪 f_{vd}^b	承压 f_{cd}^b	抗拉 f_{td}^a
普通螺栓	4.6级、4.8级	145	120	—	—	—	—	—
	5.6级	—	—	—	185	165	—	—
	8.8级	—	—	—	350	280	—	—
锚栓	Q235钢	—	—	—	—	—	—	125
	Q345钢	—	—	—	—	—	—	160
构件	Q235钢	—	—	265	—	—	350	—
	Q345钢	—	—	340	—	—	450	—
	Q390钢	—	—	355	—	—	470	—
	Q420钢	—	—	380	—	—	500	—

注：A、B级螺栓孔的精度和孔壁表面粗糙度，C级螺栓孔的允许偏差和孔壁表面粗糙度，均应符合现行《钢结构工程施工质量验收规范》（GB 50205）的要求。

3.2.5 高强度螺栓预拉力设计值 P_d 应按表3.2.5的规定取用。

表 3.2.5　高强度螺栓的预拉力设计值 P_d（kN）

性能等级	螺纹规格				
	M20	M22	M24	M27	M30
8.8S	125	150	175	230	280
10.9S	155	190	225	290	355

3.2.6 铆钉连接的强度设计值应按表3.2.6的规定采用。

表 3.2.6　铆钉连接的强度设计值（MPa）

铆钉钢号和构件钢材牌号		抗拉（钉头拉脱）f_{td}^r	抗剪 f_{vd}^r		承压 f_{cd}^r	
			Ⅰ类孔	Ⅱ类孔	Ⅰ类孔	Ⅱ类孔
铆钉	BL2 或 BL3	105	160	135	—	—
构件	Q235钢	—	—	—	390	320
	Q345钢	—	—	—	500	405
	Q390钢	—	—	—	520	425

注：1. Ⅰ类孔指在装配好的构件上钻成的孔；在单个零件和构件上用钻模钻成的孔；在单个零件上先钻成或冲成较小的孔，然后在装配好的构件上再扩成的孔。
　　2. Ⅱ类孔指在单个零件上一次冲成或不用钻模钻钻成的孔。
　　3. 沉头和半沉头铆钉连接表中数值应乘以折减系数0.8。

3.2.7 钢材和铸钢的物理性能指标应按表3.2.7的规定采用。

表3.2.7 钢材和铸钢的物理性能指标

弹性模量 E (MPa)	剪切模量 G (MPa)	线膨胀系数 α (1/℃)	泊松比 ν	密度 ρ (kg/m³)
2.06×10^5	0.790×10^5	12×10^{-6}	0.31	7 850

3.2.8 拉索用钢丝、钢绞线的抗拉强度设计值应按表3.2.8的规定采用。

表3.2.8 钢丝、钢绞线抗拉强度设计值（MPa）

材料种类	抗拉强度标准值 f_k	抗拉强度设计值 f_d
钢丝	1 570	850
	1 670	900
	1 770	955
	1 860	1 005
钢绞线	1 570	850
	1 670	900
	1 720	925
	1 770	955
	1 860	1 005
	1 960	1 055

注：1. 表列钢丝抗拉强度设计值系为Ⅱ级松弛钢丝的数值；当采用公称直径5mm的Ⅰ级松弛钢丝时，乘以折减系数0.9。
2. 表列抗拉强度设计值，用于销接式吊索时应乘以折减系数0.83。

3.2.9 钢丝绳应按其最小破断拉力（kN）除以抗拉强度分项系数 γ_R 求得最小破断拉力设计值 F_d，γ_R 应按表3.2.9确定。最小破断力应根据现行《粗直径钢丝绳》（GB 20067）钢芯钢丝绳取值。

表3.2.9 钢丝绳抗拉强度分项系数 γ_R

材料种类	骑跨式吊索	销接式吊索
抗拉强度分项系数 γ_R	2.95	2.2

4 结构分析

4.1 结构分析模型

4.1.1 结构分析采用的模型和基本假定,应能反映结构实际受力状态,其精度应能满足结构设计要求。

4.1.2 在结构分析中,应考虑环境对构件和结构性能的影响。

4.1.3 结构受力分析可按线弹性理论进行,当极限状态条件下结构的变形不能被忽略时,应考虑几何非线性对结构受力的影响。

4.1.4 结构动力分析应考虑下列因素:
1 所有相关的结构构件质量、刚度和阻尼特性。
2 模型的边界条件应反映结构的固有特性。

4.2 结构强度、稳定与变形计算

4.2.1 桥梁承载能力极限状态应按下式要求进行验算:

$$\gamma_0 S_d \leqslant R_d \tag{4.2.1}$$

式中:γ_0——结构重要性系数;
S_d——作用组合的效应(如轴力、弯矩或表示几个轴力、弯矩的向量)设计值;
R_d——结构或结构构件的抗力设计值。

4.2.2 上部结构采用整体式截面的梁桥在持久状况下结构体系不应发生改变,并应按下列规定验算横桥向抗倾覆性能:
1 在作用基本组合下,单向受压支座始终保持受压状态。
2 当整联只采用单向受压支座支承时,应符合下式要求:

$$\frac{\sum S_{bk,i}}{\sum S_{sk,i}} \geqslant k_{qf} \tag{4.2.2}$$

式中:k_{qf}——横向抗倾覆稳定性系数,取 $k_{qf}=2.5$;
$\sum S_{bk,i}$——使上部结构稳定的作用基本组合(分项系数均为1.0)的效应设计值;

$\sum S_{\text{sk},i}$——使上部结构失稳的作用基本组合（分项系数均为1.0）的效应设计值。

4.2.3 计算竖向挠度时，应按结构力学的方法并应采用不计冲击力的汽车车道荷载频遇值，频遇值系数为1.0。计算挠度值不应超过表4.2.3规定的限值。

表 4.2.3 竖向挠度限值

桥梁结构形式	简支或连续桁架	简支或连续板梁	梁的悬臂端部	斜拉桥主梁	悬索桥加劲梁
限值	$\dfrac{l}{500}$	$\dfrac{l}{500}$	$\dfrac{l_1}{300}$	$\dfrac{l}{400}$	$\dfrac{l}{250}$

注：1. 表中 l 为计算跨径，l_1 为悬臂长度。
  2. 当荷载作用于一个跨径内有可能引起该跨径正负挠度时，计算挠度应为正负挠度绝对值之和。
  3. 挠度按毛截面计算。

4.2.4 钢桥应设置预拱度，预拱度大小应视实际需要而定，宜为结构自重标准值加1/2车道荷载频遇值产生的挠度值，频遇值系数为1.0。预拱度应保持桥面曲线平顺。

5 构件设计

5.1 一般规定

5.1.1 构件应按承载能力极限状态验算强度和稳定性，作用组合效应设计值按现行《公路桥涵设计通用规范》（JTG D60）规定计算。疲劳计算应按本章抗疲劳设计与计算的有关规定执行。

5.1.2 进行承载能力极限状态设计时，结构重要性系数 γ_0 应符合现行《公路桥涵设计通用规范》（JTG D60）的相关规定。

5.1.3 除轧制型钢、正交异性板的闭口加劲肋、填板外，其他受力钢构件的板厚不应小于8mm。

5.1.4 构件容许最大长细比应符合表5.1.4的规定。

表5.1.4 构件容许最大长细比

类别	杆件	长细比
主桁架	受压弦杆 受压或受压—拉腹杆	100
	仅受拉力的弦杆	130
	仅受拉力的腹杆	180
联结系构件	纵向联结系、支点处横向联结系和制动联结系的受压或受压—拉构件	130
	中间横向联结系的受压或受压—拉构件	150
	各种联结系的受拉构件	200

注：长细比按附录A计算。

5.1.5 受压板件加劲肋几何尺寸（图5.1.5）应满足下列要求：

1 板肋的宽厚比应满足下式要求：

$$\frac{h_s}{t_s} \leqslant 12\sqrt{\frac{345}{f_y}} \tag{5.1.5-1}$$

2 L形、T形钢加劲肋的尺寸比例应满足下式要求：

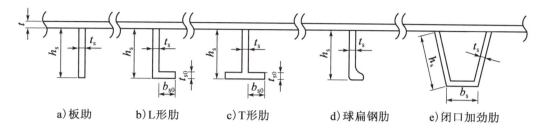

a) 板肋　　b) L形肋　　c) T形肋　　d) 球扁钢肋　　e) 闭口加劲肋

图 5.1.5　加劲肋尺寸符号

$$\frac{b_{s0}}{t_{s0}} \leqslant 12\sqrt{\frac{345}{f_y}} \quad (5.1.5\text{-}2)$$

$$\frac{h_s}{t_s} \leqslant 30\sqrt{\frac{345}{f_y}} \quad (5.1.5\text{-}3)$$

3　符合现行《热轧球扁钢》(GB/T 9945) 的球扁钢加劲肋的尺寸比例应满足下式要求：

$$\frac{h_s}{t_s} \leqslant 18\sqrt{\frac{345}{f_y}} \quad (5.1.5\text{-}4)$$

4　闭口加劲肋的尺寸比例应满足下式要求：

$$\frac{b_s}{t_s} \leqslant 30\sqrt{\frac{345}{f_y}} \quad (5.1.5\text{-}5)$$

$$\frac{h_s}{t_s} \leqslant 40\sqrt{\frac{345}{f_y}} \quad (5.1.5\text{-}6)$$

5.1.6　受压加劲板设计应满足下列要求：

1　受压加劲板宜采用刚性加劲肋，构造布置困难或受力较小时可用柔性加劲肋。

2　受压加劲板的刚性加劲肋，其纵、横向加劲肋的相对刚度应满足下列要求：

$$\gamma_l \geqslant \gamma_l^* \quad (5.1.6\text{-}1)$$

$$A_{s,l} \geqslant \frac{bt}{10n} \quad (5.1.6\text{-}2)$$

$$\gamma_t \geqslant \frac{1 + n\gamma_l^*}{4\left(\dfrac{a_t}{b}\right)^3} \quad (5.1.6\text{-}3)$$

$$\begin{cases} \gamma_l^* = \dfrac{1}{n}\left[4n^2(1 + n\delta_l)\alpha^2 - (\alpha^2 + 1)^2\right] & (\alpha \leqslant \alpha_0) \\ \gamma_l^* = \dfrac{1}{n}\left\{[2n^2(1 + n\delta_l) - 1]^2 - 1\right\} & (\alpha > \alpha_0) \end{cases} \quad (5.1.6\text{-}4)$$

$$\alpha_0 = \sqrt[4]{1 + n\gamma_l} \quad (5.1.6\text{-}5)$$

$$n = n_l + 1$$

式中：γ_l——纵向加劲肋的相对刚度，$\gamma_l = \dfrac{EI_l}{bD}$；

γ_t——横向加劲肋的相对刚度，$\gamma_t = \dfrac{EI_t}{aD}$；

I_l——单根纵向加劲肋对加劲板 Y-Y 轴的抗弯惯矩，如图 5.1.6-1 所示；

I_t——单根横向加劲肋对加劲板 Y-Y 轴的抗弯惯矩，如图 5.1.6-1 所示；

t——母板的厚度；

a——加劲板的计算长度（横隔板或刚性横向加劲肋的间距），如图 5.1.6-2 所示；

b——加劲板的计算宽度（腹板或刚性纵向加劲肋的间距），如图 5.1.6-2 所示；

a_t——横向加劲肋的间距，如图 5.1.6-2 所示；

α——加劲板的长宽比，$\alpha = \dfrac{a}{b}$；

δ_l——单根纵向加劲肋的截面面积与母板的面积之比，$\delta_l = \dfrac{A_{s,l}}{bt}$；

$A_{s,l}$——单根纵向加劲肋的截面面积；

D——单宽板刚度，$D = \dfrac{Et^3}{12(1-\upsilon^2)}$；

n_l——等间距布置纵向加劲肋根数。

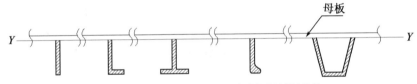

a) 单侧加劲肋的 Y-Y 轴位于加劲肋与母板焊缝处

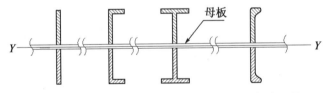

b) 双侧加劲肋的 Y-Y 轴位于母板中心处

图 5.1.6-1　计算加劲肋抗弯惯矩的中性轴位置 Y-Y

5.1.7 考虑局部稳定影响的构件受压加劲板有效截面宽度和有效截面面积应按下列规定计算：

1 考虑局部稳定影响的受压加劲板有效截面宽度 b_e^p 和有效截面面积 $A_{\text{eff},c}$ 应按下式计算：

$$b_e^p = \sum_{i=1}^{n_p} b_{e,i}^p = \sum_{i=1}^{n_p} \rho_i b_i \tag{5.1.7-1}$$

$$A_{\text{eff},c} = \sum_{i=1}^{n_p} b_{e,i}^p t_i + \sum A_{s,j} \tag{5.1.7-2}$$

式中：$b_{e,i}^p$——第 i 块受压板段考虑局部稳定影响的有效宽度（图 5.1.7）；

b_i、t_i——第 i 块受压板段或板元的宽度和厚度（图 5.1.7）；

n_p——被腹板或刚性加劲肋分割后的受压板段或板元数；

$\sum A_{s,j}$——有效宽度范围内的加劲肋的面积之和；

ρ_i——第 i 块受压板段或板元的局部稳定折减系数。

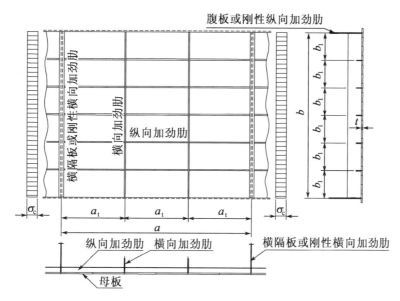

图 5.1.6-2 加劲板示意图

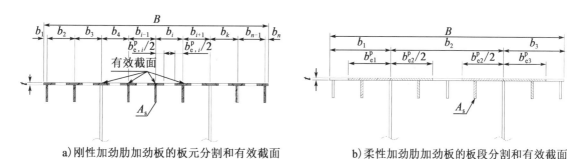

a) 刚性加劲肋加劲板的板元分割和有效截面　　b) 柔性加劲肋加劲板的板段分割和有效截面

图 5.1.7 考虑局部稳定影响的受压加劲板有效宽度示意图

2 轴心受压板段或板元的局部稳定折减系数 ρ 应按下列规定计算：

$$\begin{cases} \bar{\lambda}_p \leq 0.4 \text{ 时}: \rho = 1 \\ \bar{\lambda}_p > 0.4 \text{ 时}: \rho = \dfrac{1}{2}\left\{1 + \dfrac{1}{\lambda_p^2}(1 + \varepsilon_0) - \sqrt{\left[1 + \dfrac{1}{\lambda_p^2}(1 + \varepsilon_0)\right]^2 - \dfrac{4}{\lambda_p^2}}\right\} \end{cases}$$

(5.1.7-3)

$$\varepsilon_0 = 0.8(\bar{\lambda}_p - 0.4) \tag{5.1.7-4}$$

$$\bar{\lambda}_p = \sqrt{\dfrac{f_y}{\sigma_{cr}}} = 1.05\left(\dfrac{b_p}{t}\right)\sqrt{\dfrac{f_y}{E}\left(\dfrac{1}{k}\right)} \tag{5.1.7-5}$$

式中：$\bar{\lambda}_p$——相对宽厚比；

t——加劲板的母板厚度；

f_y——屈服强度；

E——弹性模量；

σ_{cr}——加劲板弹性屈曲欧拉应力；

b_p——加劲板局部稳定计算宽度，对开口刚性加劲肋，按加劲肋的间距 b_i 计算[图5.1.7a]；对闭口刚性加劲肋，按加劲肋腹板间的间距计算；对柔性加劲肋，按腹板间距或腹板至悬臂端的宽度 b_i 计算[图5.1.7b]；

k——加劲板的弹性屈曲系数，加劲肋尺寸符合本规范第5.1.5条规定时，可参考附录B计算。

5.1.8 考虑剪力滞影响的受弯构件的受拉或受压翼缘的有效截面宽度和有效截面面积应按下列规定计算：

1 考虑剪力滞影响的有效截面宽度 b_e^s 和有效截面面积 $A_{eff,s}$ 应按下式计算：

$$b_e^s = \sum_{i=1}^{n_s^p} b_{e,i}^s \qquad (5.1.8\text{-}1)$$

$$A_{eff,s} = \sum_{i=1}^{n_s^p} b_{e,i}^s t_i + \sum_{j=1}^{n_s} A_{s,j} \qquad (5.1.8\text{-}2)$$

式中：$b_{e,i}^s$——考虑剪力滞影响的第 i 块板段的翼缘有效宽度，如图5.1.8所示；

t_i——第 i 块板件的厚度；

$A_{s,j}$——有效宽度内第 j 根加劲肋的面积；

n_s^p——翼缘被腹板分割后的板段数；

n_s——有效宽度内的加劲肋数量。

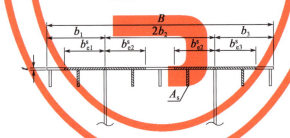

图5.1.8 考虑剪力滞影响的翼缘有效宽度示意图

2 I形、Π形和箱形梁桥的翼缘有效宽度 $b_{e,i}^s$ 按式（5.1.8-3）和式（5.1.8-4）计算，其适用条件见表5.1.8。

$$\left. \begin{array}{ll} b_{e,i}^s = b_i & \dfrac{b_i}{l} \leqslant 0.05 \\[2mm] b_{e,i}^s = \left(1.1 - 2\dfrac{b_i}{l}\right) b_i & 0.05 < \dfrac{b_i}{l} < 0.30 \\[2mm] b_{e,i}^s = 0.15l & \dfrac{b_i}{l} \geqslant 0.30 \end{array} \right\} \qquad (5.1.8\text{-}3)$$

$$b_{e,i}^s = b_i \qquad\qquad \frac{b_i}{l} \leqslant 0.02$$

$$b_{e,i}^s = \left[1.06 - 3.2\frac{b_i}{l} + 4.5\left(\frac{b_i}{l}\right)^2\right]b \quad 0.02 < \frac{b_i}{l} < 0.30 \qquad (5.1.8\text{-}4)$$

$$b_{e,i}^s = 0.15l \qquad\qquad \frac{b_i}{l} \geqslant 0.30$$

式中：$b_{e,i}^s$——翼缘有效宽度；

b_i——腹板间距的 1/2，或翼缘外伸肢为伸臂部分的宽度，如图 5.1.8 所示；

l——等效跨径，见表 5.1.8。

表 5.1.8 翼缘有效宽度计算的等效跨径

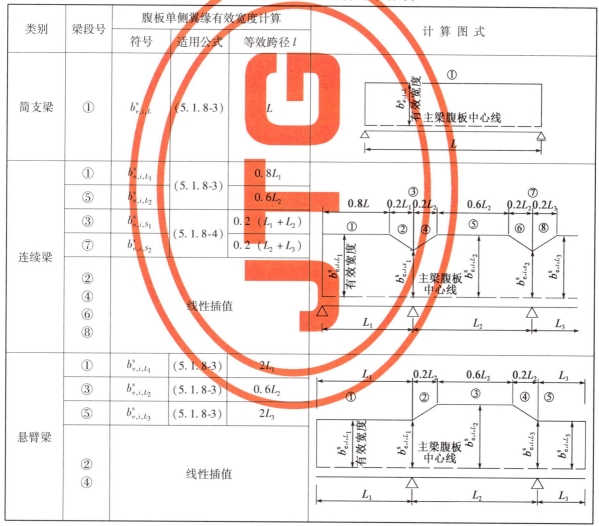

5.1.9 同时考虑剪力滞和局部稳定影响的受压翼缘有效截面宽度 b_e 和有效截面面积 A_{eff} 应按下式计算：

$$A_{\text{eff}} = \sum_{k=1}^{n_p} b_{e,k} t_k + \sum_{i=1}^{n_s} A_{s,i} \qquad (5.1.9\text{-}1)$$

$$b_e = \sum_{k=1}^{n_p} b_{e,k} \quad (5.1.9\text{-}2)$$

$$b_{e,k} = \rho_k^s b_{e,k}^p \quad (5.1.9\text{-}3)$$

$$\rho_k^s = \frac{\sum b_{e,j}^s}{b_k} \quad (5.1.9\text{-}4)$$

式中：n_p——受压翼缘被腹板分割后的板段数；

t_k——第 k 块受压板段的厚度；

b_k——第 k 块受压板段的宽度，如图 5.1.7 所示；

$b_{e,k}^p$——考虑局部稳定影响的第 k 块受压板段的有效宽度；

$\sum b_{e,j}^s$——考虑剪力滞影响的第 k 块受压板段的有效宽度之和，按本规范第 5.1.8 条计算；

$b_{e,k}$——考虑剪力滞和局部稳定影响的第 k 块受压板段的有效宽度；

ρ_k^s——考虑剪力滞影响的第 k 块受压板段的有效宽度折减系数；

$A_{s,i}$——有效宽度范围内第 i 根加劲肋的面积；

n_s——有效宽度范围内的加劲肋数量。

5.2 轴心受力构件

5.2.1 轴心受拉构件应按下列规定计算：

1 轴心受拉构件承载力应满足下式要求（高强度螺栓摩擦型连接处除外）：

$$\gamma_0 N_d \leqslant A_0 f_d \quad (5.2.1\text{-}1)$$

式中：N_d——轴心拉力设计值；

A_0——净截面面积。

2 高强度螺栓摩擦型连接处承载力应满足下式要求：

$$\left(1 - 0.5 \frac{n_1}{n}\right) \gamma_0 N_d \leqslant A_0 f_d \quad (5.2.1\text{-}2)$$

式中：n——在节点或拼接处，构件一端连接的高强度螺栓数目；

n_1——所计算截面（最外列螺栓处）上的高强度螺栓数目。

5.2.2 轴心受压构件应按下列规定计算：

1 轴心受压构件的强度应满足下式要求：

$$\gamma_0 N_d \leqslant A_{\text{eff},c} f_d \quad (5.2.2\text{-}1)$$

式中：N_d——最不利截面轴心压力设计值；

$A_{\text{eff},c}$——考虑局部稳定影响的有效截面面积。

2 轴心受压构件的整体稳定应满足下式要求：

$$\gamma_0 \left(\frac{N_d}{\chi A_{\text{eff},c}} + \frac{Ne_z}{W_{y,\text{eff}}} + \frac{Ne_y}{W_{z,\text{eff}}} \right) \leqslant f_d \quad (5.2.2\text{-}2)$$

式中： N_d——轴心压力设计值，当压力沿轴向变化时取构件中间 1/3 部分的最大值；

χ——轴心受压构件整体稳定折减系数，按附录 A 计算，取两主轴方向的较小值；

$A_{eff,c}$——考虑局部稳定影响的有效截面面积；

e_y、e_z——有效截面形心在 z 轴、y 轴方向距离毛截面形心的偏心距，如图 5.2.2 所示；

$W_{y,eff}$、$W_{z,eff}$——考虑局部稳定影响的有效截面相对于 y 轴和 z 轴的截面模量。

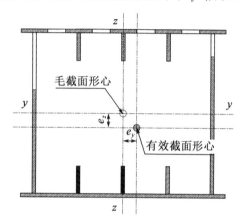

图 5.2.2 轴心受压构件有效截面偏心距

5.3 受弯构件

5.3.1 在主平面内受弯的实腹式构件抗弯强度应符合下列规定：

1 翼缘板弯曲正应力应满足下列要求：

主平面内受弯的实腹式构件：

$$\gamma_0 \sigma_x = \gamma_0 \frac{M_y}{W_{y,eff}} \leqslant f_d \qquad (5.3.1\text{-}1)$$

双向受弯的实腹式构件：

$$\gamma_0 \left(\frac{M_y}{W_{y,eff}} + \frac{M_z}{W_{z,eff}} \right) \leqslant f_d \qquad (5.3.1\text{-}2)$$

式中：M_y、M_z——计算截面的弯矩设计值；

$W_{y,eff}$、$W_{z,eff}$——有效截面相对于 y 轴和 z 轴的截面模量，其中受拉翼缘应考虑剪力滞影响，受压翼缘应同时考虑剪力滞和局部稳定影响。

2 腹板剪应力应满足式（5.3.1-3）的要求。开口截面腹板弯曲剪应力可按式（5.3.1-4）计算，闭口截面腹板剪应力应按剪力流理论计算。

$$\gamma_0 \tau \leqslant f_{vd} \qquad (5.3.1\text{-}3)$$

$$\tau = \frac{VS}{It_w} \qquad (5.3.1\text{-}4)$$

式中：V——剪力设计值；

S、I——有效截面面积矩和惯性矩；

t_w——腹板厚度。

3 未设加劲肋处集中荷载作用下腹板的局部应力应满足式（5.3.1-5）的要求：

$$\gamma_0 \sigma_z = \gamma_0 \frac{F}{t_w l_x} \leqslant f_d \tag{5.3.1-5}$$

式中：l_x——有效分布长度，如图5.3.1所示；

F——局部集中力，如图5.3.1所示。

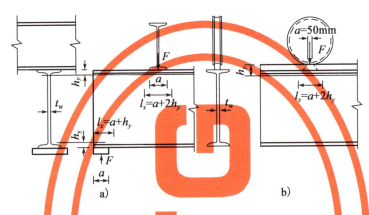

图 5.3.1 局部承压

4 平面内受弯实腹式构件腹板在正应力 σ_x 和剪应力 τ 共同作用时，应满足式（5.3.1-6）的要求：

$$\gamma_0 \sqrt{\left(\frac{\sigma_x}{f_d}\right)^2 + \left(\frac{\tau}{f_{vd}}\right)^2} \leqslant 1 \tag{5.3.1-6}$$

5.3.2 受弯构件的整体稳定应符合下列规定：

1 符合下列情况之一时，可不计算梁的整体稳定性：

1）有铺板（各种钢筋混凝土板和钢板）密铺在梁的受压翼缘上并与其牢固相连、能阻止梁受压翼缘的侧向位移时。

2）工字形截面简支梁受压翼缘的自由长度 L_1 与其宽度 B_1 之比不超过表5.3.2-1所规定的数值时。其中，梁的支座处设置横梁，跨间无侧向支承点的梁，L_1 为其跨度；梁的支座处设置横梁，跨间有侧向支承点的梁，L_1 为受压翼缘侧向支承点间的距离。

表5.3.2-1 工字形截面简支梁不需计算整体稳定性的最大 L_1/B_1 值

钢 号	跨间无侧向支承点的梁		跨间受压翼缘有侧向支承点的梁，不论荷载作用于何处
	荷载作用在上翼缘	荷载作用在下翼缘	
Q235	13.0	20.0	16.0
Q345	10.5	16.5	13.0
Q390	10.0	15.5	12.5
Q420	9.5	15.0	12.0

3) 箱形截面简支梁,其截面尺寸(图5.3.2)满足 $h/b_0 \leqslant 6$,且 $L_1/b_0 \leqslant 65(345/f_y)$ 时。

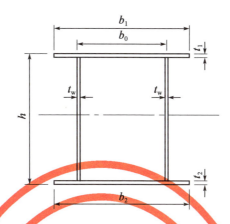

图 5.3.2 箱形截面简支梁截面尺寸

2 不满足第1款规定的等截面实腹式受弯构件,应按下列规定验算整体稳定:

$$\gamma_0 \left(\beta_{m,y} \frac{M_y}{\chi_{LT,y} M_{Rd,y}} + \frac{M_z}{M_{Rd,z}} \right) \leqslant 1 \quad (5.3.2\text{-}1)$$

$$\gamma_0 \left(\frac{M_y}{M_{Rd,y}} + \beta_{m,z} \frac{M_z}{\chi_{LT,z} M_{Rd,z}} \right) \leqslant 1 \quad (5.3.2\text{-}2)$$

$$M_{Rd,y} = W_{y,\text{eff}} f_d \quad (5.3.2\text{-}3)$$

$$M_{Rd,z} = W_{z,\text{eff}} f_d \quad (5.3.2\text{-}4)$$

$$\overline{\lambda}_{LT,y} = \sqrt{\frac{W_{y,\text{eff}} f_y}{M_{cr,y}}}, \overline{\lambda}_{LT,z} = \sqrt{\frac{W_{z,\text{eff}} f_y}{M_{cr,z}}} \quad (5.3.2\text{-}5)$$

式中:M_y、M_z——构件最大弯矩;

$\beta_{m,y}$、$\beta_{m,z}$——等效弯矩系数,可按表5.3.2-2计算;

$\chi_{LT,y}$、$\chi_{LT,z}$——M_y 和 M_z 作用平面内的弯矩单独作用下,构件弯扭失稳模态的整体稳定折减系数;可按附录A的式(A.0.1-1)计算,但相对长细比采用 $\overline{\lambda}_{LT,y}$、$\overline{\lambda}_{LT,z}$,截面类型见表5.3.2-3;

$\overline{\lambda}_{LT,y}$、$\overline{\lambda}_{LT,z}$——弯扭相对长细比;

$W_{y,\text{eff}}$、$W_{z,\text{eff}}$——有效截面相对于 y 轴和 z 轴的截面模量,其中受拉翼缘仅考虑剪力滞影响,受压翼缘同时考虑剪力滞和局部稳定影响;

$M_{cr,y}$、$M_{cr,z}$——M_y 和 M_z 作用平面内的弯矩单独作用下,考虑约束影响的构件弯扭失稳模态的整体弯扭弹性屈曲弯矩,可采用有限元方法计算。

表 5.3.2-2 压弯构件整体稳定等效弯矩系数

弯矩分布	$\beta_{m,y}$、$\beta_{m,z}$
M ▭ ψM $-1 \leqslant \psi \leqslant 1$	$0.65 + 0.35\psi$
(抛物线分布弯矩图)	1.0
(三角形分布弯矩图)	0.95

表 5.3.2-3 受弯构件整体稳定系数的截面分类

横截面形式	屈曲方向	屈曲曲线类型
轧制 I 形截面	$h/b \leqslant 2$	a
	$h/b > 2$	b
焊接 I 形截面	$h/b \leqslant 2$	c
	$h/b > 2$	d
其他截面	—	d

5.3.3 腹板和腹板加劲肋设置应满足下列要求：

1 腹板最小厚度应满足表 5.3.3 的要求。

表 5.3.3 腹 板 最 小 厚 度

构造形式	钢材品种		备 注
	Q235	Q345	
不设横向加劲肋及纵向加劲肋时	$\dfrac{\eta h_w}{70}$	$\dfrac{\eta h_w}{60}$	
仅设横向加劲肋，但不设纵向加劲肋时	$\dfrac{\eta h_w}{160}$	$\dfrac{\eta h_w}{140}$	
设横向加劲肋和一道纵向加劲肋时	$\dfrac{\eta h_w}{280}$	$\dfrac{\eta h_w}{240}$	纵向加劲肋位于距受压翼缘 $0.2h_w$ 附近，如图 5.3.3 所示
设横向加劲肋和两道纵向加劲肋时	$\dfrac{\eta h_w}{310}$	$\dfrac{\eta h_w}{310}$	纵向加劲肋位于距受压翼缘 $0.14h_w$ 和 $0.36h_w$ 附近，如图 5.3.3 所示

注：1. h_w 为腹板计算高度，对焊接梁为腹板的全高，对铆接梁为上、下翼缘角钢内排铆钉线的间距。

2. η 为折减系数，$\eta = \sqrt{\tau/f_{vd}}$，但不得小于 0.85。$\tau$ 为基本组合下的腹板剪应力。

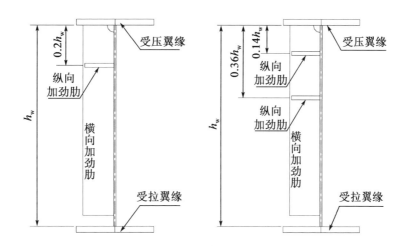

图 5.3.3 腹板加劲肋示意图

2 腹板横向加劲肋的间距 a 不得大于腹板高度 h_w 的 1.5 倍,并应满足下列要求:

1) 不设纵向加劲肋时,横向加劲肋的间距 a 应满足下式要求:

$$\left(\frac{h_w}{100t_w}\right)^4 \left[\left(\frac{\sigma}{345}\right)^2 + \left(\frac{\tau}{77 + 58(h_w/a)^2}\right)^2\right] \leqslant 1 \quad \left(\frac{a}{h_w} > 1\right) \quad (5.3.3\text{-}1a)$$

$$\left(\frac{h_w}{100t_w}\right)^4 \left[\left(\frac{\sigma}{345}\right)^2 + \left(\frac{\tau}{58 + 77(h_w/a)^2}\right)^2\right] \leqslant 1 \quad \left(\frac{a}{h_w} \leqslant 1\right) \quad (5.3.3\text{-}1b)$$

2) 设置一道纵向加劲肋时,横向加劲肋的间距 a 应满足下式要求:

$$\left(\frac{h_w}{100t_w}\right)^4 \left[\left(\frac{\sigma}{900}\right)^2 + \left(\frac{\tau}{120 + 58(h_w/a)^2}\right)^2\right] \leqslant 1 \quad \left(\frac{a}{h_w} > 0.8\right) \quad (5.3.3\text{-}2a)$$

$$\left(\frac{h_w}{100t_w}\right)^4 \left[\left(\frac{\sigma}{900}\right)^2 + \left(\frac{\tau}{90 + 77(h_w/a)^2}\right)^2\right] \leqslant 1 \quad \left(\frac{a}{h_w} \leqslant 0.8\right) \quad (5.3.3\text{-}2b)$$

3) 设置两道纵向加劲肋时,横向加劲肋的间距 a 应满足下式要求:

$$\left(\frac{h_w}{100t_w}\right)^4 \left[\left(\frac{\sigma}{3\,000}\right)^2 + \left(\frac{\tau}{187 + 58(h_w/a)^2}\right)^2\right] \leqslant 1 \quad \left(\frac{a}{h_w} > 0.64\right) \quad (5.3.3\text{-}3a)$$

$$\left(\frac{h_w}{100t_w}\right)^4 \left[\left(\frac{\sigma}{3\,000}\right)^2 + \left(\frac{\tau}{140 + 77(h_w/a)^2}\right)^2\right] \leqslant 1 \quad \left(\frac{a}{h_w} \leqslant 0.64\right) \quad (5.3.3\text{-}3b)$$

式中:t_w——腹板厚度;

σ——作用基本组合下的受压翼缘处腹板正应力(MPa);

τ——作用基本组合下的腹板剪应力(MPa)。

3 腹板横向加劲肋惯性矩应满足下式要求：

$$I_t \geqslant 3h_w t_w^3 \tag{5.3.3-4}$$

式中：I_t——单侧设置横向加劲肋时，加劲肋对与腹板连接线的惯性矩；双侧对称设置横向加劲肋时，加劲肋对腹板中心线的惯性矩。

4 腹板纵向加劲肋惯性矩应满足下式要求：

$$I_l = \xi_l h_w t_w^3 \tag{5.3.3-5}$$

$$\xi_l = \left(\frac{a}{h_w}\right)^2 \left[2.5 - 0.45\left(\frac{a}{h_w}\right)\right] \leqslant 1.5 \tag{5.3.3-6}$$

式中：I_l——单侧设置纵向加劲肋时，加劲肋对与腹板连接线的惯性矩；双侧对称设置纵向加劲肋时，加劲肋对腹板中心线的惯性矩，参照图5.1.6-2；
　　　a——腹板横向加劲肋间距。

5.3.4 支承加劲肋应满足下列要求：

$$\gamma_0 \frac{R_V}{A_s + B_{eb} t_w} \leqslant f_{cd} \tag{5.3.4-1}$$

$$\gamma_0 \frac{2R_V}{A_s + B_{ev} t_w} \leqslant f_d \tag{5.3.4-2}$$

式中：R_V——支座反力设计值；
　　　A_s——支承加劲肋面积之和；
　　　t_w——腹板厚度；
　　　B_{eb}——腹板局部承压有效计算宽度，$B_{eb} = B + 2(t_f + t_b)$；
　　　B——上支座宽度；
　　　t_f——下翼板厚度；
　　　t_b——支座垫板厚度；
　　　B_{ev}——如图5.3.4所示，按式（5.3.4-3）计算的腹板有效宽度。当设置一对支承加劲肋并且加劲肋距梁端距离不小于12倍腹板厚时，有效计算宽度按24倍腹板厚计算；设置多对支承加劲肋时，按每对支承加劲肋求得的有效计算宽度之和计算，但相邻支承加劲肋之间的腹板有效计算宽度不得大于加劲肋间距；

$$\begin{cases} B_{ev} = (n_s - 1)b_s + 24t_w & (b_s < 24t_w) \\ B_{ev} = 24n_s t_w & (b_s \geqslant 24t_w) \end{cases} \tag{5.3.4-3}$$

　　　n_s——支承加劲肋对数；
　　　b_s——支承加劲肋间距。

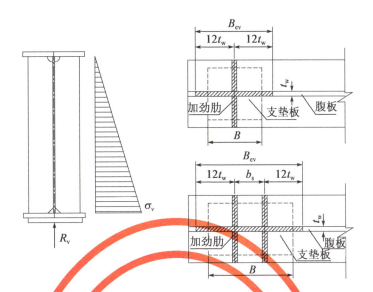

图 5.3.4 支承加劲肋的腹板有效计算宽度

5.4 拉弯、压弯构件

5.4.1 实腹式拉弯、压弯构件强度应满足下列规定：

$$\gamma_0 \left(\frac{N_d}{N_{Rd}} + \frac{M_y + N_d e_z}{M_{Rd,y}} + \frac{M_z + N_d e_y}{M_{Rd,z}} \right) \leq 1 \quad (5.4.1\text{-}1)$$

$$N_{Rd} = A_{eff} f_d \quad (5.4.1\text{-}2)$$

$$M_{Rd,y} = W_{y,eff} f_d \quad (5.4.1\text{-}3)$$

$$M_{Rd,z} = W_{z,eff} f_d \quad (5.4.1\text{-}4)$$

式中：N_d——轴心力设计值；

M_y、M_z——绕 y 轴和 z 轴的弯矩设计值；

A_{eff}——有效截面面积，其中受拉翼缘仅考虑剪力滞影响，受压翼缘同时考虑剪力滞和局部稳定影响；

$W_{y,eff}$、$W_{z,eff}$——有效截面相对于 y 轴和 z 轴的截面模量，其中受拉翼缘仅考虑剪力滞影响，受压翼缘同时考虑剪力滞和局部稳定影响。

5.4.2 实腹式压弯构件整体稳定应符合下列规定：

1 弯矩作用在一个对称轴平面内的压弯构件整体稳定应按下式计算：

$$\gamma_0 \left[\frac{N_d}{\chi_y N_{Rd}} + \beta_{m,y} \frac{M_y + N_d e_z}{M_{Rd,y} \left(1 - \frac{N_d}{N_{cr,y}} \right)} \right] \leq 1 \quad (5.4.2\text{-}1)$$

$$\gamma_0 \left[\frac{N_d}{\chi_z N_{Rd}} + \beta_{m,y} \frac{M_y + N_d e_z}{\chi_{LT,y} M_{Rd,y} \left(1 - \frac{N_d}{N_{cr,z}} \right)} \right] \leq 1 \quad (5.4.2\text{-}2)$$

式中： N_d——构件中间1/3范围内的最大轴力设计值；

χ_y、χ_z——轴心受压构件绕y轴和z轴弯曲失稳模态的整体稳定折减系数，按附录A计算；

$\chi_{LT,y}$——x-y平面内的弯矩作用下，构件弯扭失稳模态的整体稳定折减系数，按本规范第5.3.2条的相关规定计算；

$N_{cr,y}$、$N_{cr,z}$——轴心受压构件绕y轴和z轴弯曲失稳模态的整体稳定欧拉荷载；

$\beta_{m,y}$——相对M_y的等效弯矩系数，可按表5.3.2-2计算。

2 弯矩作用在两个主平面内的压弯构件整体稳定应按下式计算：

$$\gamma_0\left[\frac{N_d}{\chi_y N_{Rd}}+\beta_{m,y}\frac{M_y+N_d e_z}{M_{Rd,y}\left(1-\frac{N_d}{N_{cr,y}}\right)}+\beta_{m,z}\frac{M_z+N_d e_y}{\chi_{LT,z}M_{Rd,z}\left(1-\frac{N_d}{N_{cr,z}}\right)}\right]\leq 1 \quad (5.4.2\text{-}3)$$

$$\gamma_0\left[\frac{N_d}{\chi_z N_{Rd}}+\beta_{m,y}\frac{M_y+N_d e_z}{\chi_{LT,y}M_{Rd,y}\left(1-\frac{N_d}{N_{cr,y}}\right)}+\beta_{m,z}\frac{M_z+N_d e_y}{M_{Rd,z}\left(1-\frac{N_d}{N_{cr,z}}\right)}\right]\leq 1 \quad (5.4.2\text{-}4)$$

式中：N_d——所计算构件中间1/3范围内的最大轴力设计值；

M_y、M_z——所计算构件段范围内的最大弯矩设计值；

$\chi_{LT,z}$——x-z平面内的弯矩作用下，构件弯扭失稳模态的整体稳定折减系数，按本规范第5.3.2条的相关规定计算；

$\beta_{m,z}$——相对M_z的等效弯矩系数，可按表5.3.2-2计算。

5.5 抗疲劳设计

5.5.1 承受汽车荷载的结构构件与连接，应按疲劳细节类别进行疲劳验算。

5.5.2 疲劳荷载应符合下列规定：

1 疲劳荷载计算模型Ⅰ采用等效的车道荷载，集中荷载为$0.7P_k$，均布荷载为$0.3q_k$。P_k和q_k按公路—Ⅰ级车道荷载标准取值；应考虑多车道的影响，横向车道布载系数应按现行《公路桥涵设计通用规范》（JTG D60）的相关规定选用。

2 疲劳荷载计算模型Ⅱ采用双车模型，两辆模型车轴距与轴重相同，其单车的轴重与轴距布置如图5.5.2-1所示。加载时，两模型车的中心距不得小于40m。

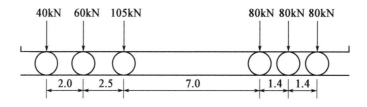

图5.5.2-1 疲劳荷载计算模型Ⅱ（尺寸单位：m）

3 疲劳荷载计算模型Ⅲ采用单车模型，模型车轴载及分布规定如图5.5.2-2所示。

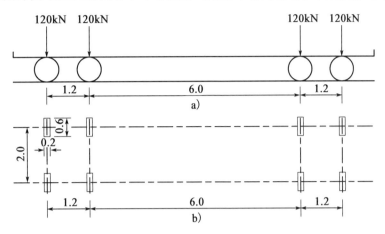

图5.5.2-2 疲劳荷载模型Ⅲ（尺寸单位：m）

4 当构件和连接不满足疲劳荷载模型Ⅰ验算要求时，应按模型Ⅱ验算。

5 桥面系构件应采用疲劳荷载计算模型Ⅲ验算。

5.5.3 验算伸缩缝附近构件时，疲劳荷载应乘以额外的放大系数，放大系数 $\Delta\phi$ 应按式（5.5.3）取值。

$$\Delta\phi = \begin{cases} 0.3\left(1 - \dfrac{D}{6}\right) & (D \leqslant 6) \\ 0 & (D > 6) \end{cases} \tag{5.5.3}$$

式中：D——验算截面到伸缩缝的距离（m）。

5.5.4 采用疲劳荷载计算模型Ⅰ时应按下列公式验算：

$$\gamma_{Ff}\Delta\sigma_p \leqslant \frac{k_s \Delta\sigma_D}{\gamma_{Mf}} \tag{5.5.4-1}$$

$$\gamma_{Ff}\Delta\tau_p \leqslant \frac{\Delta\tau_L}{\gamma_{Mf}} \tag{5.5.4-2}$$

$$\Delta\sigma_p = (1 + \Delta\phi)(\sigma_{pmax} - \sigma_{pmin}) \tag{5.5.4-3}$$

$$\Delta\tau_p = (1 + \Delta\phi)(\tau_{pmax} - \tau_{pmin}) \tag{5.5.4-4}$$

式中： γ_{Ff}——疲劳荷载分项系数，取1.0；

γ_{Mf}——疲劳抗力分项系数，对重要构件取1.35，对次要构件取1.15；

k_s——尺寸效应折减系数，按附录C表C.0.1～表C.0.9中给出的公式计算；未说明时，取 $k_s = 1.0$；

$\Delta\sigma_p$、$\Delta\tau_p$——按疲劳荷载计算模型Ⅰ计算得到的正应力幅与剪应力幅（MPa）；

$\Delta\phi$——放大系数，按本规范第5.5.3条的规定取值；

$\Delta\sigma_D$——正应力常幅疲劳极限（MPa），根据附录C中对应的细节类别按图5.5.8-1取用；

$\Delta\tau_L$——剪应力幅疲劳截止限（MPa），根据附录C按图5.5.8-2取用；

σ_{pmax}、σ_{pmin}——将疲劳荷载模型按最不利情况加载于影响线得出的最大和最小正应力（MPa）；

τ_{pmax}、τ_{pmin}——将疲劳荷载模型按最不利情况加载于影响线得出的最大和最小剪应力（MPa）。

5.5.5 采用疲劳荷载计算模型Ⅱ时应按下列公式验算：

$$\gamma_{Ff}\Delta\sigma_{E2} \leqslant \frac{k_s\Delta\sigma_C}{\gamma_{Mf}} \tag{5.5.5-1}$$

$$\gamma_{Ff}\Delta\tau_{E2} \leqslant \frac{\Delta\tau_C}{\gamma_{Mf}} \tag{5.5.5-2}$$

$$\Delta\sigma_{E2} = (1+\Delta\phi)\gamma(\sigma_{pmax}-\sigma_{pmin})$$

$$\Delta\tau_{E2} = (1+\Delta\phi)\gamma(\tau_{pmax}-\tau_{pmin}) \tag{5.5.5-3}$$

式中：$\Delta\sigma_C$、$\Delta\tau_C$——疲劳细节类别（MPa），为对应于 2.0×10^6 次常幅疲劳循环的疲劳应力强度；根据附录C和图5.5.8-1、图5.5.8-2取用；

$\Delta\sigma_{E2}$、$\Delta\tau_{E2}$——按 2.0×10^6 次常幅疲劳循环换算得到的等效常值应力幅（MPa）；

γ——损伤等效系数，$\gamma = \gamma_1 \cdot \gamma_2 \cdot \gamma_3 \cdot \gamma_4$，且 $\gamma \leqslant \gamma_{max}$，其中 γ_1、γ_2、γ_3、γ_4、γ_{max} 按附录D计算。

5.5.6 采用疲劳荷载计算模型Ⅲ时应按下列公式验算：

$$\gamma_{Ff}\Delta\sigma_{E2} \leqslant \frac{k_s\Delta\sigma_C}{\gamma_{Mf}} \tag{5.5.6-1}$$

$$\gamma_{Ff}\Delta\tau_{E2} \leqslant \frac{\Delta\tau_C}{\gamma_{Mf}} \tag{5.5.6-2}$$

$$\left(\frac{\gamma_{Ff}\Delta\sigma_{E2}}{k_s\Delta\sigma_C/\gamma_{Mf}}\right)^3 + \left(\frac{\gamma_{Ff}\Delta\tau_{E2}}{\Delta\tau_C/\gamma_{Mf}}\right)^5 \leqslant 1.0 \tag{5.5.6-3}$$

$$\Delta\sigma_{E2} = (1+\Delta\phi)\gamma(\sigma_{pmax}-\sigma_{pmin})$$

$$\Delta\tau_{E2} = (1+\Delta\phi)\gamma(\tau_{pmax}-\tau_{pmin}) \tag{5.5.6-4}$$

5.5.7 采用疲劳荷载计算模型Ⅲ计算正交异性板疲劳应力时，应按图5.5.7考虑车轮在车道上的横向位置概率。加载区域1应布置在横向最不利位置。

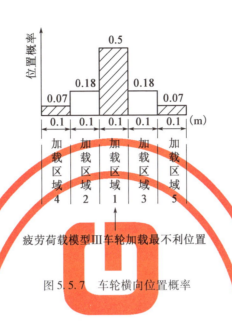

图5.5.7 车轮横向位置概率

5.5.8 疲劳强度应按图5.5.8-1和图5.5.8-2中的曲线取用。

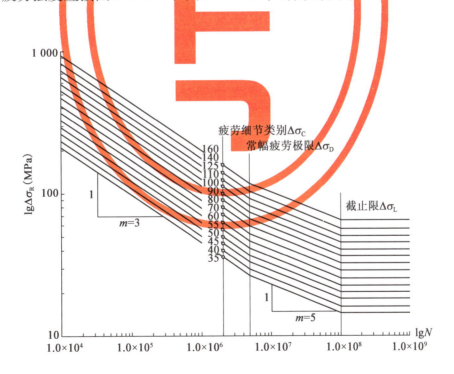

图5.5.8-1 正应力幅疲劳强度曲线

注：标识细节类别的数字代表2.0×10^6次循环疲劳强度的参考值$\Delta \sigma_R$（MPa）。

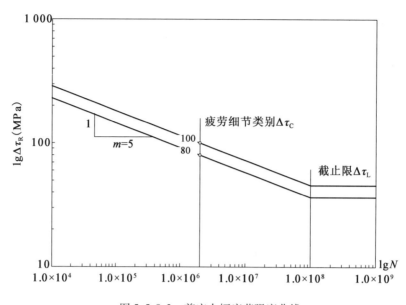

图 5.5.8-2 剪应力幅疲劳强度曲线

注：标识细节类别的数字代表 2.0×10^6 次循环疲劳强度的参考值 $\Delta\tau_R$（MPa）。

5.5.9 对非焊接构件以及消除残余应力后的焊接构件，当疲劳荷载为拉—压循环时，σ_{pmin} 应按 0.6 倍折减，$\Delta\sigma_p$ 应按下式计算：

$$\Delta\sigma_p = \sigma_{pmax} + 0.6|\sigma_{pmin}| \qquad (5.5.9)$$

6 连接的构造和计算

6.1 一般规定

6.1.1 连接可采用焊接、螺栓连接和铆钉连接，并应符合下列规定：

1 板件间的连接应优先选用焊接，杆件或梁段之间的连接可选用焊接、螺栓连接或焊接与螺栓的混合连接。

2 螺栓连接可分为普通螺栓连接和高强度螺栓连接。对主要受力结构，应采用高强度螺栓摩擦型连接；对次要构件、结构构造性连接和临时连接，可采用普通螺栓连接。

3 必要时可采用铆钉连接。

6.1.2 接头处各杆件轴线宜相交于一点。不能交于一点时，应考虑偏心的影响。

6.1.3 桥面板块划分宜避开轮迹线。

6.1.4 焊接和高强度螺栓摩擦型连接同时并存的连接应慎用；当必须使用时，其所采用的工艺应保证接触面不变形。该混合连接所传递的力应由两种连接按各自的承载力依比例分担，且使混合接头的内力设计值不大于其二者承载力总和的90%。

6.2 焊接连接

6.2.1 焊接材料应与母材相适应。当不同强度的钢材连接时，可采用与较低强度钢材牌号相适应的焊接材料。

6.2.2 焊接接头的屈服强度、低温冲击功、延伸率不应低于母材的标准值。

6.2.3 设计中不得任意加大焊缝，宜避免焊缝立体交叉、重叠和过分集中。焊缝宜对称布置于杆件的轴线。

6.2.4 焊件厚度大于20mm的角接接头，应采用不易引起层状撕裂的焊接接头构造。

6.2.5 焊接设计时宜考虑减少在桥位的焊接作业量，焊接顺序的设计应避免仰焊作业，并宜减小周边构件对焊件的约束。

6.2.6 焊接接头的选择除应考虑满足接头受力要求外，尚应考虑接头的可焊到性和可探伤性。

6.2.7 各种接头形式的焊接工艺应进行焊接工艺评定。

6.2.8 焊缝应根据结构的重要性、荷载特性、焊缝形式、工作环境以及应力状态等情况，按下列原则分别选用不同的质量等级：

1 在需要进行疲劳计算的构件中，凡对接焊缝均应焊透，其质量等级为：
　1）作用力垂直于焊缝长度方向的横向对接焊缝或 T 形对接与角接组合焊缝，受拉时应为一级，受压时不应低于二级；
　2）作用力平行于焊缝长度方向的纵向对接焊缝不应低于二级。

2 不需要验算疲劳的构件中，凡要求与母材等强的对接焊缝应予焊透，其质量等级当受拉时不应低于二级，受压时不宜低于二级。

3 对承受动力荷载且需要验算疲劳的结构，部分焊透的对接与角接的组合焊缝、搭接连接采用的角焊缝以及不要求焊透的 T 形接头采用的角焊缝，焊缝质量等级不应低于二级。

6.2.9 角焊缝焊脚尺寸 h_f 应符合下列规定：

1 对搭接角焊缝，当材料厚度小于 8mm 时，最大尺寸应取材料的厚度；当材料厚度大于或等于 8mm 时，最大尺寸应取材料厚度减去 2mm。

2 对角接和 T 形连接角焊缝，最小尺寸按表 6.2.9 的规定取用，同时焊缝最大尺寸不应超过较薄连接部件厚度的 1.2 倍。

3 对不开坡口的角焊缝的最小长度，自动焊及半自动焊不宜小于焊缝厚度的 15 倍，手工焊不宜小于 80mm。

表 6.2.9 不开坡口角焊缝的焊脚最小尺寸

板中之较大厚度（mm）	不开坡口角焊缝的焊脚最小尺寸（mm）
≤20	6
>20	8

6.2.10 用于受力连接的角焊缝，两焊角边的夹角应在 60°~120°之间，且宜采用 90°直角焊缝。而部分焊透的对接和 T 形对接与角接组合的角焊缝，其两焊角边的夹角可小于 60°，但应详细注明坡口细节（图 6.2.10）。

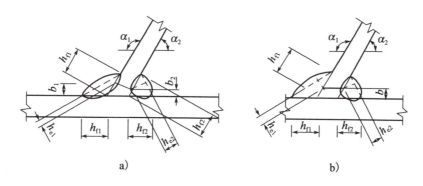

图 6.2.10　T形接头角焊缝坡口细节

6.2.11 角焊缝的焊脚边比例宜为 1∶1。当焊件厚度不等时，可采用不等的焊脚尺寸，与较厚焊件接触的最小焊脚尺寸和与较薄焊件接触的最大焊脚尺寸，应满足本规范第 6.2.9 条的要求。在承受动荷载的结构中，角焊缝焊脚边比例，对正面角焊缝宜为 1∶1.5（长边顺内力方向）；对侧面角焊缝可为 1∶1。角焊缝表面应做成凹形或直线形。

6.2.12 主要受力构件不得采用断续角焊缝。

6.2.13 次要构件或次要焊缝连接采用断续角焊缝时应符合下列规定：
　　1　当部件受压时，其相邻两焊缝在端与端之间的净距均不得大于较薄部件厚度的 12 倍或 240mm；当部件受拉时，不得大于较薄部件厚度的 16 倍或 360mm。
　　2　当焊缝用于连接加劲肋和一受压或受剪的板或其他部件时，焊缝间的净距不得大于加劲肋间距的 1/4。
　　3　布置在同一直线上的间断焊缝，在其所连部件的每一端均应设置焊段。
　　4　在拼合构件中，板件用间断焊缝连接时，在其板件端部每一边所布置的焊缝长度均不应小于该处最窄板件厚度的 3/4。

6.2.14 杆件与节点板的连接焊缝宜采用两面侧焊（图 6.2.14-1），也可用三面围焊（图 6.2.14-2）。承受静荷载的结构宜采用两面侧焊，承受动荷载的结构宜采用围焊。围焊的转角处必须连续施焊。当角焊缝的端部在被焊件转角处时，可连续地绕转角加焊一段 $2h_f$ 的长度（图 6.2.14-1）。

6.2.15 被连接部件相互搭接长度不应小于最薄部件厚度的 5 倍，且各部件均应用两道横向焊缝相连。

6.2.16 采用焊接相连的两部件，当用厚度小于焊脚长度的填板隔开时，连接所用焊缝的焊脚尺寸应按填板厚度加大，填板边缘应与所连部件边缘齐平。当填板厚度不小于焊脚时，在填板和各部件之间均应采用能传递设计荷载的焊缝相连。

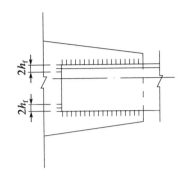
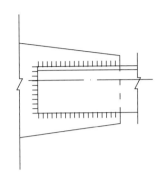

图 6.2.14-1 杆件与节点板连接的两面侧焊及焊件端部的绕焊

图 6.2.14-2 杆件与节点板连接的三面围焊

6.2.17 受力构件焊接不得采用圆孔和槽口塞焊,必要时应采用特殊的坡口并制定专门的焊接工艺。

6.2.18 各种形式焊缝计算的有效厚度 h_e,应按下列规定采用:

1 T形连接时,如竖板边缘加工有焊透的 K 形坡口,焊缝的有效厚度采用竖板的厚度。

2 直角焊缝的有效厚度 h_e 采用焊脚尺寸 h_f 的 0.7 倍(图 6.2.18-1)。

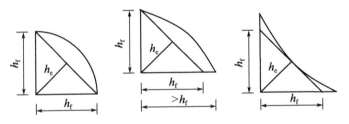

图 6.2.18-1 直角焊缝截面图

3 斜角焊缝的有效厚度取为(图 6.2.18-2):

$$h_e = h_f \cos\frac{\theta}{2} \quad (\theta \geqslant 60°时) \tag{6.2.18}$$

4 部分焊透焊缝设计应规定熔深尺寸。部分焊透的对接焊缝的有效厚度取为(图 6.2.18-3):坡口角度 $\alpha \geqslant 60°$ 的 V 形坡口、U 形坡口、J 形坡口,$h_e = S$;坡口角度 $\alpha < 60°$ 的 V 形坡口,$h_e = S - 3\text{mm}$。此处 S 为坡口根部至焊缝表面(不考虑余高)的最短距离。

6.2.19 各种形式焊缝计算的有效长度 l_w 应按下列规定采用:

1 采用引弧板施焊的焊缝,其计算长度应取焊缝的实际长度;未采用引弧板时,应取实际长度减去 $2h_f$。

2 侧面角焊缝的计算长度,当受动荷载时,不宜大于 $50h_f$;当受静荷载时,不宜大于 $60h_f$。当计算长度大于上述数值时,其超过部分在计算中可不予考虑。在全长范围内均传递内力的焊缝,其计算长度可不受此限。

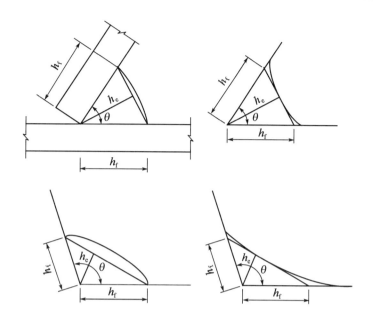

图 6.2.18-2 斜角焊缝截面图

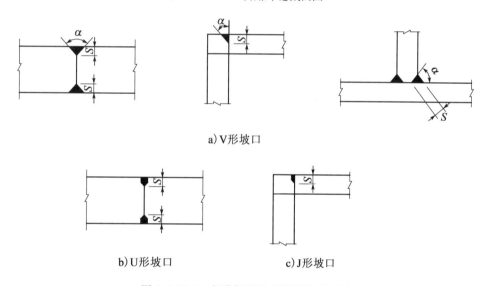

a) V形坡口

b) U形坡口　　c) J形坡口

图 6.2.18-3 部分焊透的对接焊缝截面图

3 侧面角焊缝或正面角焊缝的计算长度不得小于 $8h_f$。

4 当搭接接头钢板端部仅有两侧角焊缝连接时,每条侧面角焊缝长度不宜小于相邻两侧面角焊缝之间的距离;同时两侧角焊缝之间的距离不宜大于 $16t$($t \geq 12mm$)或 200mm($t < 12mm$),t 为较薄焊件的厚度。

6.2.20 垂直于构件受力方向的对接焊缝必须焊透,其厚度应不小于被焊件的最小厚度。焊缝宜双面施焊,坡口边缘应进行机械加工。

6.2.21 在对接焊缝的拼接处,当焊件宽度不等或厚度相差 4mm 以上时,应分别在宽度方向或厚度方向将一侧或两侧做成坡度不大于 1:5 的斜角;当厚度(或宽度)差不超过 4mm 时，可采用焊缝表面斜度来过渡。

6.2.22 为避免焊缝集中而产生的不利影响，有关焊缝位置宜错开。受疲劳控制的焊缝应错开孔群和圆弧起点 100mm 以上。

6.2.23 不得采用间断对接焊。部分焊透对接焊不得用于传递拉力，也不得用于传递绕焊缝纵轴的弯矩。

6.2.24 对接焊缝或对接与角接组合焊缝的强度计算应符合下列规定：

1　在对接接头和 T 形接头中，垂直于轴心拉力或轴心压力的对接焊缝或对接与角接组合焊缝，其强度应按下式计算：

$$\gamma_0 \sigma = \frac{\gamma_0 N_d}{l_w t} \leqslant f_{td}^w \text{ 或 } f_{cd}^w \quad (6.2.24\text{-}1)$$

式中：N_d——轴心拉力或轴心压力；

l_w——焊缝计算长度；

t——在对接接头中为连接件的较小厚度，在 T 形接头中为腹板的厚度；

f_{td}^w、f_{cd}^w——对接焊缝的抗拉、抗压强度设计值。

2　在对接连接和 T 形接头中，承受弯矩和剪力共同作用的对接焊缝或对接与角接组合焊缝，应分别计算其法向应力 σ 和剪应力 τ。在同时受有较大法向应力和剪应力处，尚应按下式计算换算应力：

$$\gamma_0 \sqrt{\sigma^2 + 3\tau^2} \leqslant 1.1 f_{td}^w \quad (6.2.24\text{-}2)$$

式中：f_{td}^w——对接焊缝的抗拉强度设计值。

6.2.25 直角焊缝的强度计算应满足下列要求（图 6.2.18-1）：

1　在通过焊缝形心的拉力、压力或剪力作用下：

正面角焊缝（作用力垂直于焊缝长度方向）：

$$\gamma_0 \sigma_f = \frac{\gamma_0 N_d}{h_e l_w} \leqslant f_{fd}^w \quad (6.2.25\text{-}1)$$

侧面角焊缝（作用力平行于焊缝长度方向）：

$$\gamma_0 \tau_f = \frac{\gamma_0 N_d}{h_e l_w} \leqslant f_{fd}^w \quad (6.2.25\text{-}2)$$

2　在各种力综合作用下：

$$\gamma_0 \sqrt{\sigma^2 + 3(\tau_1 + \tau_2)^2} \leqslant f_{fd}^w \quad (6.2.25\text{-}3)$$

式中：σ——垂直于焊缝有效厚度截面（$h_e l_w$）的正应力（图 6.2.25）；

τ_1——垂直于焊缝长度方向并作用在焊缝有效厚度截面内的剪应力；

τ_2——平行于焊缝长度方向并作用在焊缝有效厚度截面内的剪应力。

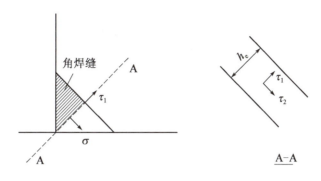

图 6.2.25 角焊缝应力状况

6.2.26 斜角焊缝和部分焊透的对接焊缝，应采用直角焊缝的计算方法。

6.3 栓、钉连接

6.3.1 栓、钉连接应符合下列规定：
1 当型钢构件拼接采用高强度螺栓连接时，其拼接件宜采用钢板。
2 沉头和半沉头铆钉不得用于沿其杆轴方向受拉的连接。

6.3.2 被拼接部件的两面都应有拼接板，拼接板的配置应使杆件能传递截面各部分所分担的作用。

6.3.3 螺栓或铆钉应对称于构件的轴线布置。螺栓或铆钉的间距应符合表 6.3.3 的规定。

表 6.3.3 螺栓或铆钉的容许间距

尺寸名称	方向		构件应力种类	容许间距	
				最大	最小
栓、钉中心间距	沿对角线方向		拉力或压力	—	$3.5d_0$
	靠边行列			$7d_0$ 和 $16t$ 的较小者	$3d_0$
	中间行列	垂直内力方向		$24t$	
		顺内力方向	拉力	$24t$	
			压力	$16t$	

注：1. 表中符号 d_0 为螺栓或铆钉的孔径，t 为栓（或铆）合部分外层较薄钢板或型钢厚度。
    2. 表中所列"靠边行列"系指沿板边一行的螺栓或铆钉线；对于角钢，距角钢背最近一行的螺栓或铆钉线也作为"靠边行列"。
    3. 有角钢镶边的翼肢上交叉排列的螺栓或铆钉，其靠边行列最大中心间距可取 $14d_0$ 或 $32t$ 中的较小者。
    4. 由两个角钢或两个槽钢中间夹以垫板或垫圈并用螺栓或铆钉连接组成的构件，顺内力方向的螺栓或铆钉之间的最大中心间距，对受压或受压—拉构件规定为 $40r$，不应大于 160mm；对受拉构件规定为 $80r$，不应大于 240mm。其中 r 为一个角钢或槽钢平行于垫板或垫圈所在平面轴线的回转半径。

6.3.4 栓、钉中心顺内力方向或沿螺栓对角线方向至边缘的最大距离应不大于 $8t$ 或 120mm 的较小者，t 是栓或铆各部分外侧钢板或型钢厚度；顺内力方向或沿螺栓对角线方向至边缘的最小距离应不小于 $1.5d_0$，垂直内力方向应不小于 $1.3d_0$，d_0 为栓或钉孔的直径。

6.3.5 位于主要构件上的螺栓或铆钉直径，应不大于角钢肢宽的1/4。

6.3.6 高强度螺栓孔可采用钻成孔，孔径 D 与高强度螺栓公称直径 d 的对应关系应符合表6.3.6的规定。

表6.3.6 孔径 D 与高强度螺栓公称直径 d 的对应关系

螺栓直径 d（mm）	18	20	22	24	27	30
螺栓孔径 D（mm）	20	22	24	27	30	33

6.3.7 铆钉的最大铆合厚度不宜大于钉孔直径的4.5倍。当用双铆钉枪、冲击式风顶或马蹄形铆钉机铆合时，铆合的厚度可增至钉孔直径的5.5倍。超过上述厚度时，每加厚2mm，铆钉数量应增加1%。

6.3.8 受力构件节点上连接的栓、钉数量和构造应符合下列规定：

1 受力构件在节点连接的螺栓（或铆钉）或接头一边的螺栓（或铆钉），最少数量：

1）一排螺栓时2个，一排铆钉时3个；

2）二排及二排以上螺栓（或铆钉）时，每排2个。

2 角钢在连接或接头处采用交叉布置的螺栓（或铆钉）时，第一个螺栓（或铆钉）应排在靠近边角钢背处。

3 螺栓（或铆钉）连接接头的栓（或钉）数量，对主桁架杆件或板梁翼缘宜按与被连接杆件等强度的要求进行计算；对联结系和次要受力构件可按实际内力计算，并假定纵向力在栓（钉）群上是平均分布的。

4 受压杆件的螺栓或铆钉接头，可采用端部磨光顶紧的措施来传递内力，此时接头处的螺栓（或铆钉）及连接板的截面积，可按被连接构件承载力的50%计算。在同一接头中，允许螺栓或铆钉与焊缝同时采用，不得按共同受力计算。

5 当出现以下情况时，轴向受力构件连接板上的栓（或钉）数量应予以增大：

1）构件的肢与节点板偏心连接，且这些肢在连接范围内无缀板相连或构件的肢仅有一面有拼接板时，其栓（或钉）总数应增大10%；

2）对铆接构件截面的个别部分不用连接板直接连接，其连接铆钉数应予增加，隔一层板增加10%，隔两层或两层板以上时增加20%；

3）当隔着填板连接时，连接铆钉数应增加10%；当填板在顺受力方向伸出连接范围之外有一排铆钉时，连接板上的铆钉可不予增加。

6.3.9 普通螺栓、锚栓和铆钉连接应按下列规定计算：

1 在普通螺栓或铆钉受剪的连接中，每个普通螺栓或铆钉的承载力设计值应取受剪和受压承载力设计值中的较小者。

1）普通螺栓和铆钉的受剪承载力设计值应分别按式（6.3.9-1）和式（6.3.9-2）计算：

$$N_{vd}^b = n_v \frac{\pi d^2}{4} f_{vd}^b \qquad (6.3.9\text{-}1)$$

$$N_{vd}^r = n_v \frac{\pi d_0^2}{4} f_{vd}^r \qquad (6.3.9\text{-}2)$$

2）普通螺栓和铆钉的承压承载力设计值应分别按式（6.3.9-3）和式（6.3.9-4）计算：

$$N_{cd}^b = d \sum t \cdot f_{cd}^b \qquad (6.3.9\text{-}3)$$

$$N_{cd}^r = d_0 \sum t \cdot f_{cd}^r \qquad (6.3.9\text{-}4)$$

式中：n_v——受剪面数目；

d——螺栓杆直径；

d_0——铆钉孔直径；

$\sum t$——在不同受力方向中各个受力方向承压构件总厚度的较小值；

f_{vd}^b、f_{cd}^b——螺栓的抗剪、承压强度设计值；

f_{vd}^r、f_{cd}^r——铆钉的抗剪、承压强度设计值。

2 在普通螺栓、锚栓或铆钉杆轴方向受拉的连接中，每个普通螺栓、锚栓或铆钉的承载力设计值应分别按式（6.3.9-5）、式（6.3.9-6）和式（6.3.9-7）计算：

$$N_{td}^b = n_v \frac{\pi d_e^2}{4} f_{td}^b \qquad (6.3.9\text{-}5)$$

$$N_{td}^a = n_v \frac{\pi d_e^2}{4} f_{td}^a \qquad (6.3.9\text{-}6)$$

$$N_{td}^r = n_v \frac{\pi d_0^2}{4} f_{td}^r \qquad (6.3.9\text{-}7)$$

式中：d_e——螺栓或锚栓在螺纹处的有效直径；

f_{td}^b、f_{td}^a、f_{td}^r——普通螺栓、锚栓和铆钉的抗拉强度设计值。

3 同时承受剪力和杆轴方向拉力时，普通螺栓应满足式（6.3.9-8）和式（6.3.9-9）的要求，铆钉应满足式（6.3.9-10）和式（6.3.9-11）的要求：

普通螺栓 $\qquad \gamma_0 \sqrt{\left(\dfrac{N_v}{N_{vd}^b}\right)^2 + \left(\dfrac{N_t}{N_{td}^b}\right)^2} \leq 1 \qquad (6.3.9\text{-}8)$

$$\gamma_0 N_v \leq N_{cd}^b \qquad (6.3.9\text{-}9)$$

铆钉 $\qquad \gamma_0 \sqrt{\left(\dfrac{N_v}{N_{vd}^r}\right)^2 + \left(\dfrac{N_t}{N_{td}^r}\right)^2} \leq 1 \qquad (6.3.9\text{-}10)$

$$\gamma_0 N_v \leq N_{cd}^r \qquad (6.3.9\text{-}11)$$

式中： N_v、N_t——某个普通螺栓或铆钉所承受的剪力、拉力设计值；

N_{vd}^b、N_{td}^b、N_{cd}^b——一个普通螺栓的受剪、受拉和承压承载力设计值；

N_{vd}^r、N_{td}^r、N_{cd}^r——一个铆钉的受剪、受拉和承压承载力设计值。

6.3.10 高强度螺栓摩擦型连接应按下列规定计算：

1 在抗剪连接中，一个高强度螺栓的承载力设计值应按下式计算：

$$N_{vd}^b = 0.9 n_f \mu P_d \quad (6.3.10\text{-}1)$$

式中：n_f——传力摩擦面数目；

P_d——一个高强度螺栓的预拉力；

μ——摩擦面的抗滑移系数，除另有试验值外，μ值按表6.3.10取值。

表6.3.10 摩擦面的抗滑移系数

在连接处构件接触面的分类	μ
没有浮锈且经喷丸处理或喷铝的表面	0.45
涂抗滑型无机富锌漆的表面	0.45
没有轧钢氧化皮和浮锈的表面	0.45
喷锌的表面	0.40
涂硅酸锌漆的表面	0.35
仅涂防锈底漆的表面	0.25

2 在螺栓杆轴方向受拉的连接中，一个高强度螺栓的承载力设计值应根据下式取值：

$$N_{td}^b = 0.8 P_d \quad (6.3.10\text{-}2)$$

3 当高强度螺栓摩擦型连接同时承受摩擦面间的剪力和螺栓杆轴方向的外拉力时，应符合下式规定：

$$\gamma_0 \left(\frac{N_v}{N_{vd}^b} + \frac{N_t}{N_{td}^b} \right) \leq 1 \quad (6.3.10\text{-}3)$$

式中：N_v、N_t——一个高强度螺栓所承受的剪力、拉力设计值；

N_{vd}^b、N_{td}^b——一个高强度螺栓的受剪、受拉承载力设计值。

6.3.11 销接的接头作用力应按被连接杆件的实际内力计算。对受压或受拉的销接构件，均应按扣除销孔的净截面计算。节点销子应计算孔壁承压应力，当销子的长度大于直径的两倍时，对承受挠曲的销子可按简支梁进行计算（图6.3.11），并假定各集中力作用在与销子相接触的各板条的轴线上。销接接头若承受风载和不对称荷载作用，应计及其影响。

6.3.12 销接接头中，带销孔的受拉构件，其销孔各部尺寸应满足下列规定：

1 垂直杆轴方向并通过销孔中心的净截面积应比构件计算所需的净截面大40%。

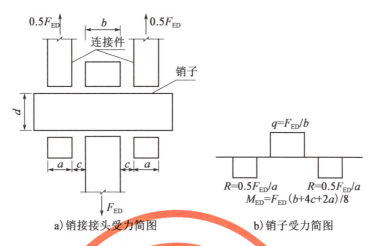

a) 销接接头受力简图　　　　b) 销子受力简图

图 6.3.11 销接计算图示

2 由杆端到销孔边的截面积不应小于构件计算的截面积。

3 当销钉直径小于或等于 12mm 时，销钉孔直径与销钉直径之差不得大于 0.5mm；当钉直径大于 12mm 时，销钉孔直径与销钉直径之差不得大于 0.8mm。

4 销子精加工部分的长度，应比被连接的杆件两外侧面间的距离长 6mm 以上。销子的两端应使用帽形螺母或带垫圈的螺母。

7 钢板梁

7.1 一般规定

7.1.1 本章适用于受弯为主的工字形截面钢板梁桥设计。

7.1.2 应采取措施防止板梁在制作、运输、安装架设过程中出现过大变形和丧失稳定；在运营阶段的板梁端部支承处也应阻止梁端部截面扭转。

7.1.3 设计构件截面和制作工艺时，宜避免和减少应力集中、残余应力以及次应力。

7.1.4 普通焊接板梁应采用三块钢板焊接而成。当板厚不能用其他方法解决时可采用外贴翼缘钢板的形式，外贴翼缘板宜用一块钢板。

7.2 翼缘

7.2.1 翼缘截面应符合下列要求：

1 焊接板梁受压翼缘的伸出肢宽不宜大于40cm，也不应大于其厚度的 $12\sqrt{345/f_y}$ 倍，受拉翼缘的伸出肢宽不应大于其厚度的 $16\sqrt{345/f_y}$ 倍。翼缘板的面外惯矩宜满足下式要求：

$$0.1 \leqslant \frac{I_{yc}}{I_{yt}} \leqslant 10 \quad (7.2.1)$$

式中：I_{yc}、I_{yt}——受压翼缘和受拉翼缘对竖轴的惯性矩。

当用外贴翼缘钢板时，其纵向截断点应延至理论截断点以外，延伸部分的焊缝长度按该板截面强度的50%计算确定，并将板端沿板宽方向做成不大于1:2的斜角。

2 组成翼缘截面的板不宜超过两块。

3 当纵向加劲肋连续时，应将其计入有效截面中。

7.2.2 焊接板束的侧面角焊缝宜采用自动焊或半自动焊，由宽板至窄板的边缘距离，不应小于50mm。相互叠合的翼缘板侧面角焊缝尺寸应相等。

7.2.3 翼缘板与腹板的连接可采用角焊缝，腹板两侧有效焊缝厚度之和应大于腹板的厚度；也可将翼缘板与腹板的连接采用全焊透焊缝。

翼缘拼接焊缝与腹板拼接焊缝错开距离不宜小于 10 倍腹板厚度，且拼接不应布置在应力最大位置。

7.2.4 将桥面板作为主梁结构的一部分进行设计时，应分别对作为主梁的截面内力和桥面板的截面内力进行验算。

7.3 腹板

7.3.1 设计焊接板梁加劲肋时，在构造上应满足下列要求：

1　与腹板对接焊缝平行的加劲肋，应设在距对接焊缝不小于 $10t_w$ 或不小于 100mm 的位置。

2　与腹板对接焊缝相交的加劲肋，加劲肋及其焊缝应连续通过腹板焊缝。

3　纵向加劲肋与横向加劲肋相交时，横向加劲肋宜连续通过。

4　横向加劲肋与梁的翼缘板焊接时，应将加劲肋切出不大于 5 倍腹板厚度的斜角。

5　纵向加劲肋与横向加劲肋的相交处，宜焊接或栓接。

7.3.2 支承加劲肋设计应满足下列要求：

1　板梁在支承处及外力集中处应设置成对的竖向加劲肋。加劲肋宜延伸到翼缘板的外边缘，在支承处应磨光并与下翼缘焊连。在外力集中处，加劲肋应与上翼缘焊连，且对焊接梁不得与受拉翼缘直接焊连。

2　支承加劲肋应按压杆设计。对由两块板或角钢组成的加劲肋，承压截面为加劲肋及填板的截面加每侧由加劲肋中轴算起不大于 12 倍板厚的腹板截面；对由四块板或角钢组成的加劲肋，承压截面为四块加劲肋及填板截面所包围的腹板面积（铆接梁仅为加劲角钢和填板），另加上不大于 24 倍板厚的腹板截面（图 7.3.2-1）。验算中构件的长度 l 应取加劲肋长度的 1/2，同时应验算伸出肢与贴紧翼缘部分的支承压力。

3　端加劲肋设计应符合下列要求：

1）端部加劲肋伸出的宽度应为厚度的 12.5 倍。

2）在对端加劲肋受压状态的检算中，加劲肋与腹板为焊接连接构造的情况下，可如图 7.3.2-2 和图 7.3.2-3 所示，取腹板厚度的 24 倍的范围作为由腹板与端加劲肋组成的立柱的有效截面积。在验算中构件的长度 l 应取加劲肋长度的 1/2。

3）线支承的情况，可采用与端加劲肋的下翼缘相接部分外边缘间的宽度 b 和它的厚度的乘积作为有效承压面积，如图 7.3.2-2 所示。

刚度较大的面支承的情况，可按如下要求计算，如图 7.3.2-3 所示。

$$有效承压面积 = \begin{pmatrix} 与加劲肋下翼缘 \\ 相连部分的面积 \end{pmatrix} + \begin{pmatrix} 24t_w \text{ 或支座上摆} \\ 宽度中的较小值 \end{pmatrix} \times t_w \quad (7.3.2)$$

式中：t_w——腹板厚度（mm）。

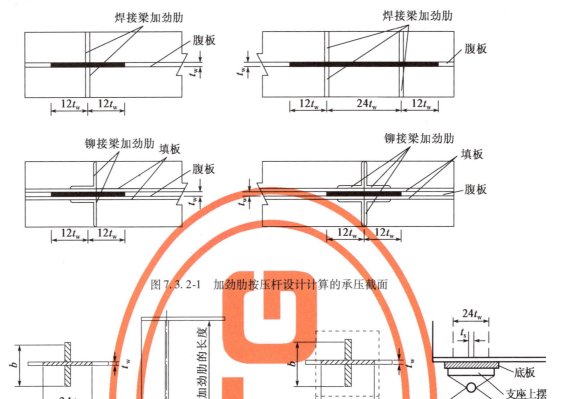

图 7.3.2-1　加劲肋按压杆设计计算的承压截面

图 7.3.2-2　线支承端加劲肋示意　　　　图 7.3.2-3　面支承端加劲肋示意

7.4　纵横向联结系

7.4.1　翼缘的上下平面内宜设纵向联结系，承受水平荷载和偏心荷载等产生的扭矩作用。

7.4.2　钢板梁间应设置横向联结系，并满足下列要求：
1　宜与梁的上、下翼缘连接，间距不宜大于受压翼缘宽度的30倍。
2　支承处必须设置端横梁。
3　下承式钢板梁桥的横梁宜设置肋板与腹板加劲肋连接。

8 钢箱梁

8.1 一般规定

8.1.1 本章适用于简支或连续钢箱梁桥设计。

8.1.2 应采取措施防止钢箱梁在制作、运输、安装架设和运营阶段的过大变形或丧失稳定。

8.1.3 钢箱梁应设置进入箱内的检修通道和排水孔。

8.1.4 钢箱梁剪应力计算应考虑扭转的影响。

8.2 正交异性钢桥面板

8.2.1 正交异性钢桥面板最小板厚应符合下列规定：
1 行车道部分的钢桥面板顶板板厚不应小于14mm，加劲肋的最小板厚不应小于8mm。
2 人行道部分的钢桥面板顶板板厚不应小于10mm。

8.2.2 进行正交异性钢桥面板承载能力极限状态设计时，桥面上汽车局部荷载作用的冲击系数应采用0.4。

8.2.3 纵向加劲肋应满足下列要求：
1 宜等间距布置；不等间距布置时，最大间距不宜超过最小间距的1.2倍。
2 应连续通过横向加劲肋或横隔板，加劲肋与顶板焊缝的过焊孔宜采用堆焊填实，焊缝应平顺。
3 闭口加劲肋的几何尺寸应满足下列规定：

$$\frac{t_r a^3}{t_f^3 h'} \leqslant 400 \tag{8.2.3}$$

式中：t_f——顶板厚度（mm）；

　　　t_r——加劲肋腹板厚度（mm）；

h'——加劲肋腹板斜向高度（mm）；

a——加劲肋腹板最大间距（mm）。

4 闭口纵向加劲肋与顶板焊接熔透深度不得小于纵向加劲肋厚度的80%，焊缝有效喉高不得小于纵向加劲肋的厚度。

5 闭口纵向加劲肋应完全封闭。

8.2.4 横向加劲肋间距应满足下列要求：

1 对闭口纵向加劲肋，横向加劲肋或横隔板的间距不宜大于4m。

2 对开口纵向加劲肋，横向加劲肋或横隔板的间距不宜大于3m。

8.2.5 在车辆荷载作用下，正交异性桥面顶板的挠跨比 D/L（图8.2.5）不应大于1/700。

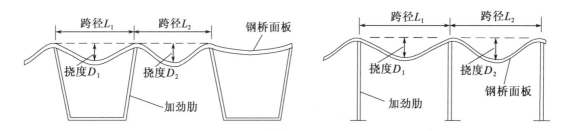

图8.2.5 正交异性板的挠跨比

8.3 翼缘板

8.3.1 箱梁悬臂部分不设加劲肋时，受压翼缘的伸出肢宽不宜大于其厚度的12倍，受拉翼缘的伸出肢宽不宜大于其厚度的16倍。

8.3.2 翼缘板应按下列规定设置纵向加劲肋：

1 腹板间距大于翼缘板厚度的80倍或翼缘悬臂宽度大于翼缘板厚度的16倍时，应设置纵向加劲肋。

2 受压翼缘加劲肋间距不宜大于翼缘板厚度的40倍，应力很小和由构造控制设计的情况下可以放宽到80倍。受拉翼缘加劲肋间距应小于翼缘板厚度的80倍。

3 受压翼缘悬臂部分的板端外缘加劲肋应为刚性加劲肋。

8.3.3 纵、横向加劲肋宜按刚性加劲肋设计。

8.4 腹板

8.4.1 以受弯剪为主的腹板及其加劲肋设计应满足本规范第5.3节的要求。

8.4.2 以受压为主的腹板及其加劲肋设计应满足本规范第 5.1.5 条和第 5.1.6 条的要求。

8.4.3 纵向腹板应避开行车轮迹带，宜设置在车道中部或车道线处。

8.5 横隔板

8.5.1 支点处横隔板应符合下列规定：
1 支点处必须设置横隔板，形心宜通过支座反力的合力作用点。
2 横隔板支座处应成对设置竖向加劲肋。加劲肋应满足本规范第 5.1.5 条的要求，并按第 5.3.4 条规定验算横隔板和加劲肋的强度。其中，相关公式中的腹板用横隔板代替。
3 横隔板与底板的焊缝应完全熔透。
4 人孔宜设置在支座范围以外的部分。

8.5.2 非支点处横隔板应符合下列规定：
1 横隔板应有足够的刚度和强度。
2 横隔板与顶底板和腹板可采用角焊缝连接。

9 钢桁梁

9.1 一般规定

9.1.1 主桁杆件截面可采用 H 形或箱形，上、下平面纵向联结系和横向联结系构件截面可采用 I 形、L 形或 T 形。

9.1.2 可将桁梁结构划分为若干个平面系统分别计算，但应考虑各个平面系统间的共同作用和相互影响。

9.1.3 对构造复杂的桁架结构，宜采用空间计算模型进行分析。

9.2 杆件

9.2.1 主桁杆件的计算应符合下列规定：
1 构件节点可假定为铰接进行计算。
2 当主桁杆件截面高度与其节点中心间距之比，非整体节点的简支桁梁大于1/10，连续梁支点附近的杆件及整体节点钢桁梁杆件大于 1/15 时，应计算其节点刚性的影响；由该节点刚性引起的次力矩应乘以 0.8，与轴向力一并进行承载能力极限状态的强度检算。

9.2.2 作为桥门架腿杆的主桁斜杆或竖杆，应计算桥门架受横向力时产生的轴向力和弯矩。计算时应视桥门架为下端固定的框架。由于风力作用使桥门架斜腿所产生的轴向力的水平分力，应计入下弦杆杆力之内。

9.2.3 多腹杆系桁架中的竖杆兼作横向联结系的组成杆件时，在桁高中部的连接部分应满足横向联结系平面内所需的抗弯刚度要求。

9.3 节点板

9.3.1 节点板应与杆件的接触面全部密贴。在支承处，节点板宜低于桁梁下弦 10～15mm，下缘应磨光并与支承垫板顶紧。

9.3.2 节点板的撕裂强度、水平和竖直截面上的剪应力和法向应力应按附录 E 计算。

9.3.3 主桁拼接板的总净截面面积应较被拼接杆件的净截面面积大 10%。被拼接的两弦杆的截面不等时，拼接板应按截面较大的弦杆来计算。

9.3.4 节点板在受压斜腹杆作用下，其不设加劲肋的自由边长度 b_g（图 9.3.4）与厚度 t 之比不应大于 $50\sqrt{345/f_y}$。式中，f_y 为节点板的屈服强度。

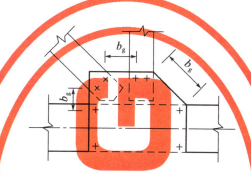

图 9.3.4 节点板自由边长度 b_g 示意图

9.3.5 拼接式节点板构造应满足下列要求：

1 对焊接 H 形截面杆件，当采用高强度螺栓或铆钉固接于节点板上时，应栓接或铆接于翼缘板。拼接用高强度螺栓或铆钉的数量，应考虑腹板面积。此时杆件腹板伸入节点板中的长度，不应小于腹板宽度的 1.5 倍。连接杆件的高强度螺栓或铆钉应和杆件的轴线相对称。

2 按轴向力和节点刚性弯矩共同作用进行验算时，应验算仅受轴向力作用下杆件的受力。

3 直接承受荷载的弦杆，当在节点外作用有竖向荷载时，除作为桁架的杆件承受轴向力外，尚应同时作为杆件计算竖向荷载所产生的弯矩，此时应考虑该弦杆的节点刚性作用。由节点间竖向荷载产生的弯矩可近似地假定为 $0.7M_0$，M_0 为跨径等于节间长度的简支梁跨中最大弯矩。

9.3.6 整体节点构造（图 9.3.6-1）应满足下列要求：

1 节点板圆弧半径宜大于 1/2 弦杆高度。

2 节点板与弦杆竖板对接焊缝宜在弧端以外 100mm 以上（图 9.3.6-2），该对接焊缝与相邻横隔板的间距也应在 100mm 以上。

3 节点内应设置横隔板，当存在横梁时应与横梁腹板相对应。

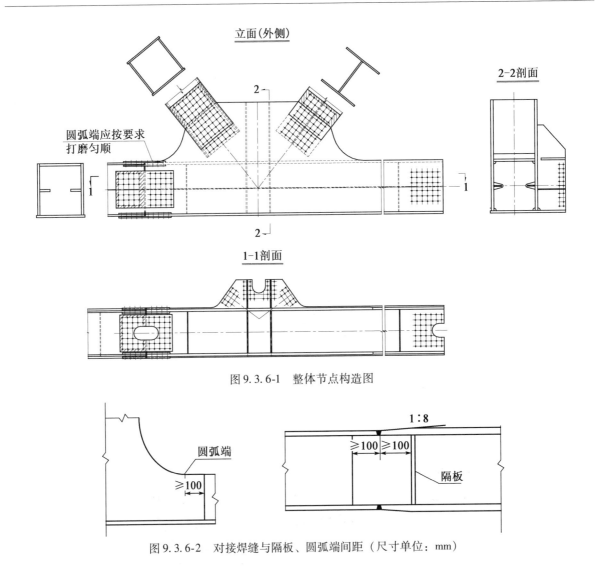

图 9.3.6-1 整体节点构造图

图 9.3.6-2 对接焊缝与隔板、圆弧端间距（尺寸单位：mm）

9.4 联结系

9.4.1 钢桁梁应设置上、下平面纵向联结系。纵向联结系不宜采用三角形或菱形桁架。当桥面置于纵、横梁体系上时，平面内可不设纵向联结系。

9.4.2 上承式桁梁应在两端及跨间设横向联结系。下承式桁梁应在两端设桥门架，跨间设门架式横向联结系，其间距不宜超过两个节间。开口式桁架应在每个横梁竖向平面内设置半框架。

9.4.3 当桥面板置于纵横梁体系上时，应考虑桥面板与桁架最大温差效应及纵向水平力的影响。

9.4.4 直接承受汽车荷载的横梁，其下翼缘宜在距离节点板 10cm 处切断。

10 钢管结构

10.1 一般规定

10.1.1 本章适用于上部结构或桥墩采用钢管结构的桥梁设计。

10.1.2 圆钢管的外径与壁厚之比不应大于 70（$345/f_y$）；矩形钢管的最大外边缘尺寸与壁厚之比不应大于 $30\sqrt{345/f_y}$。

10.1.3 在满足下列情况下，分析桁架杆件内力时可将节点视为铰接：
 1 符合各类节点相应的几何参数的适用范围。
 2 当桁架平面内杆件的节间长度或杆件长度与截面高度（或直径）之比不小于 12（弦杆）和 24（腹杆）时。

10.1.4 当弦杆与腹杆连接节点偏心满足式（10.1.4-1）的范围限制，在计算节点和受拉弦杆承载力时，可不计偏心弯矩影响。对受压弦杆必须考虑偏心弯矩的影响，偏心弯矩 M 按式（10.1.4-2）计算。

$$-0.55 \leqslant \left(\frac{e}{h_0} \text{或} \frac{e}{d_0}\right) \leqslant +0.25 \quad (10.1.4\text{-}1)$$

$$M = \Delta N \times e \quad (10.1.4\text{-}2)$$

式中：e——偏心，即两腹杆中心线在弦杆上的交点偏离弦杆中心线的距离，如图 10.1.4 所示；
　　　ΔN——节点两侧弦杆轴力之差值；
　　　d_0——圆形弦杆外径；
　　　h_0——连接平面内的矩形弦杆截面高度。

10.1.5 钢管之间对接时，可采用高强度螺栓和焊接连接，如图 10.1.5-1a)、b) 所示；对于小直径的钢管，不便采用栓接和焊接时，可采用法兰连接，如图 10.1.5-1c) 所示。当要连接的钢管轴线方向不同时，可采用节点板连接、腹杆与弦杆相贯焊连接，如图 10.1.5-2、图 10.1.5-3 所示。

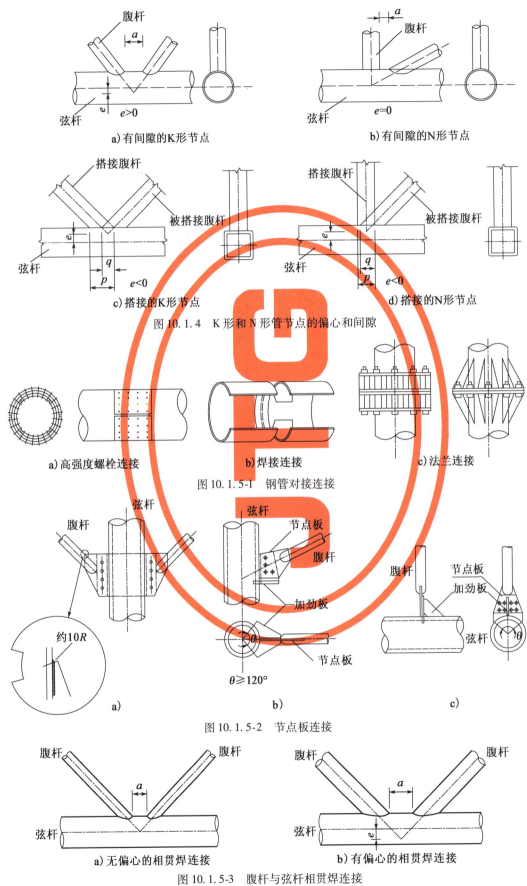

图 10.1.4 K 形和 N 形管节点的偏心和间隙

图 10.1.5-1 钢管对接连接

图 10.1.5-2 节点板连接

图 10.1.5-3 腹杆与弦杆相贯焊连接

10.2 构造要求

10.2.1 钢管节点的构造应符合下列要求：
1 弦杆的外部尺寸不应小于腹杆的外部尺寸。
2 在弦杆与腹杆连接处不应将腹杆插入弦杆内。
3 弦杆与腹杆或两腹杆轴线之间的夹角不宜小于30°。
4 弦杆与腹杆的连接节点处，除搭接节点外，宜避免偏心。
5 腹杆端部应采用自动切割机切割，腹杆壁厚小于6mm时可不切坡口。

10.2.2 对K形及N形节点，宜采用间隙节点，不宜采用搭接节点。采用间隙节点时，腹杆间的距离不应小于两腹杆壁厚之和。

10.2.3 在搭接的K形或N形节点中，搭接率应按式（10.2.3）计算，并应满足 $25\% \leq \lambda_{ov} \leq 100\%$ 的要求。

$$\lambda_{ov} = \frac{q}{p} \times 100\% \tag{10.2.3}$$

式中：p、q——如图 10.1.4 所示。

10.2.4 在搭接节点中，当腹杆厚度不同时，薄壁管应搭接在厚壁管上；当腹杆强度不同时，低强度管应搭接在高强度管上。

10.2.5 K形及N形节点可采用直接焊接在弦杆上的节点板连接；节点板的钢材等级不应低于弦杆的钢材等级。

10.2.6 钢管结构焊缝应满足下列要求：
1 弦杆与腹杆的连接焊缝，应沿全周连续焊接，并应从趾部的全熔透角焊缝匀顺过渡到鞍部的部分熔透角焊缝和跟部的角焊缝，如图10.2.6所示。

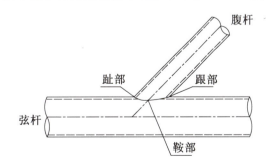

图 10.2.6 钢管结构相贯焊缝分区示意图

2 考虑疲劳作用时不应在矩形管截面转角处起止焊缝。

3 考虑疲劳作用时节点角焊缝的有效厚度不应小于腹杆壁厚。

10.2.7 钢管构件在承受较大横向荷载的部位应采取适当的加劲措施。大直径钢管拱肋、桥墩在集中荷载作用下，其节点部位应设置环形加劲钢板。

10.2.8 钢管构件，当 $d_0/t \leqslant 60$ 时可不设加劲板；设加劲板时，环形加劲板的间距应不大于钢管外径的 3 倍。加劲钢板构造如图 10.2.8 所示。

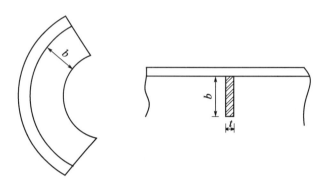

图 10.2.8 环形加劲钢板构造

10.2.9 环形加劲钢板的构造尺寸应符合下式规定：

$$b \geqslant \frac{d_0}{20} + 70 \quad (10.2.9\text{-}1)$$

$$t \geqslant \frac{b}{17} \quad (10.2.9\text{-}2)$$

式中：b——环形加劲钢板的宽度（mm），如图 10.2.8 所示；
t——环形加劲钢板的板厚，如图 10.2.8 所示；
d_0——钢管的外径（mm）。

10.2.10 对长细比大的钢管构件，除应按本规范第 5 章要求进行抗疲劳设计外，尚应满足下列抵抗风振疲劳的构造要求：

1 钢管外径应符合式（10.2.10）的规定：

$$d_0 \geqslant \frac{l}{30}\sqrt{\frac{8}{t}} \text{ 且 } d_0 \geqslant \frac{l}{40} \quad (10.2.10)$$

式中：l——构件长度或构件有效屈曲长度（m）；
d_0——钢管的外径（m）；
t——钢管的壁厚（mm）。

当对构件采取了风致振动控制措施，并通过风洞实验确认了其效果，以及不直接承受风载作用时，钢管外径可不受式（10.2.10）的限制。

2 对按式（10.2.10）设计的钢管构件端部应进行周边焊接，焊缝一般采用角焊缝。当 d_0 小于 $l/25$ 时，应采用如图 10.2.10 所示的熔透焊接。

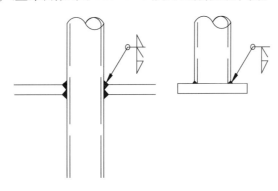

图 10.2.10 钢管端部的焊接

10.3 计算规定

10.3.1 采用相贯焊缝连接的钢管结构中腹杆和弦杆的轴心内力设计值不应超过按本规范第 5 章确定的杆件承载力设计值。腹杆的轴心内力设计值不应超过节点承载力设计值。

10.3.2 在节点处，腹杆沿相贯线与弦杆全周焊接，焊缝承载力应大于或等于节点承载力。节点的承载力小于杆件的承载力时，不应通过增加焊缝来提高。

10.3.3 在管结构中，腹杆与弦杆的连接焊缝可视为全周角焊缝，按式（6.2.25-1）进行计算。角焊缝的计算厚度沿腹杆周长是变化的，当腹杆轴心受力时，平均计算厚度可取 $0.7h_f$。

10.3.4 焊缝的计算长度 l_w 应按下列规定进行计算：

1 在圆管结构中，取腹杆与弦杆相交线的长度：

当 $d_i/d_0 \leqslant 0.65$ 时：

$$l_w = (3.25d_i - 0.025d_0)\left(\frac{0.534}{\sin\theta_i} + 0.466\right) \quad (10.3.4\text{-}1)$$

当 $d_i/d_0 > 0.65$ 时：

$$l_w = (3.81d_i - 0.389d_0)\left(\frac{0.534}{\sin\theta_i} + 0.466\right) \quad (10.3.4\text{-}2)$$

式中：d_0、d_i——弦杆和腹杆外径；

θ_i——弦杆轴线与腹杆轴线之间的夹角。

2 在矩形管结构中，腹杆与弦杆交线的计算长度按下式计算：
对有间隙的 K 形和 N 形节点（图 10.3.4）：

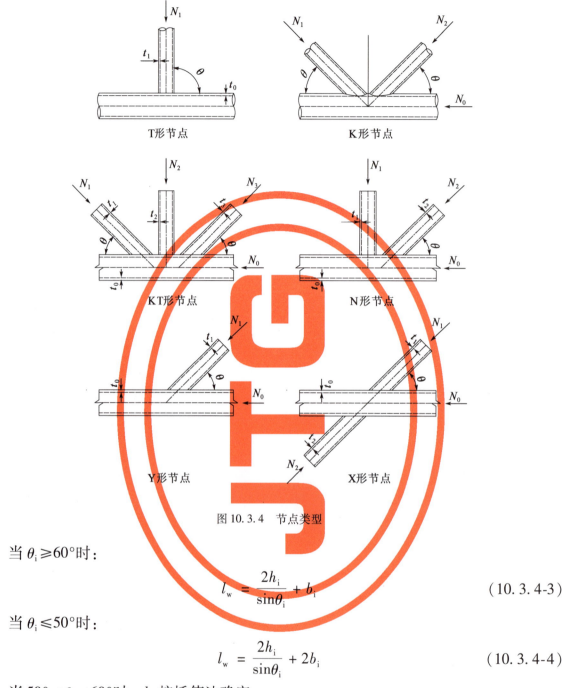

图 10.3.4 节点类型

当 $\theta_i \geqslant 60°$ 时：

$$l_w = \frac{2h_i}{\sin\theta_i} + b_i \qquad (10.3.4\text{-}3)$$

当 $\theta_i \leqslant 50°$ 时：

$$l_w = \frac{2h_i}{\sin\theta_i} + 2b_i \qquad (10.3.4\text{-}4)$$

当 $50° < \theta_i < 60°$ 时，l_w 按插值法确定。

对 T、Y 和 X 形节点（图 10.3.4）：

$$l_w = \frac{2h_i}{\sin\theta_i} \qquad (10.3.4\text{-}5)$$

式中：h_i、b_i——腹杆的截面高度和宽度。

当腹杆为圆管、弦杆为矩形管时，焊缝计算长度取为腹杆与弦杆的相交线长度减去 d_i。

11 钢—混凝土组合梁

11.1 一般规定

11.1.1 钢梁可采用 I 形、闭口或开口箱梁等截面形式，混凝土板可采用现浇或预制，连接件可采用焊钉、槽钢和开孔板等形式。

11.1.2 考虑混凝土板剪力滞影响的混凝土板翼缘有效宽度可按附录 F 计算。

11.1.3 组合梁应按下列规定进行结构整体分析：

1 组合梁的内力分析应采用线弹性分析方法，考虑温度、混凝土收缩徐变、施工方法及顺序等因素的影响。

2 计算组合梁截面特性时，宜采用换算截面法。按混凝土是否开裂，组合梁截面的抗弯刚度分为未开裂截面刚度 EI_{un} 和开裂截面刚度 EI_{cr}。计算 I_{cr} 时，不应计受拉区混凝土对刚度的影响，但应计入混凝土板内纵向钢筋的作用。

3 组合梁的温度效应应按现行《公路桥涵设计通用规范》(JTG D60) 的相关规定计算。

4 混凝土收缩产生的效应应按现行《公路钢筋混凝土及预应力混凝土桥涵设计规范》(JTG D62) 的相关规定计算。

5 在进行组合梁整体分析时，可根据下式采用钢材与混凝土的有效弹性模量比考虑混凝土徐变的影响。

$$n_L = n_0[1 + \psi_L \phi(t, t_0)] \tag{11.1.3}$$

式中： n_L——长期荷载作用下钢与混凝土的有效弹性模量比；

n_0——短期荷载作用下钢与混凝土的弹性模量比，$n_0 = \dfrac{E}{E_c}$；

$\phi(t, t_0)$——加载龄期为 t_0，计算龄期为 t 时的混凝土徐变系数，根据现行《公路钢筋混凝土及预应力混凝土桥涵设计规范》(JTG D62) 的相关规定取值；

ψ_L——根据荷载类型确定的徐变因子，永久作用取 1.1，混凝土收缩作用取 0.55，由强迫变形引起的预应力作用取 1.5。

6 超静定结构中混凝土收缩徐变引起的效应宜采用有限元方法计算。

11.2 承载能力极限状态计算

11.2.1 抗弯计算应符合下列规定：

1 计算组合梁抗弯承载力时，应考虑施工方法及顺序的影响，并应对施工过程进行抗弯验算，施工阶段作用组合应符合现行《公路桥涵设计通用规范》（JTG D60）的规定。

2 组合梁抗弯承载力应采用线弹性方法计算，并应符合下列规定：

$$\sigma = \sum_{i=1}^{II} \frac{M_{d,i}}{W_{eff,i}} \quad (11.2.1\text{-}1)$$

$$\gamma_0 \sigma \leqslant f \quad (11.2.1\text{-}2)$$

式中：i——变量，表示不同的应力计算阶段；其中，$i = I$ 表示未形成组合梁截面（钢梁）的应力计算阶段；$i = II$ 表示形成组合梁截面之后的应力计算阶段；

$M_{d,i}$——对应不同应力计算阶段，作用于钢梁或组合梁截面的弯矩设计值（N·mm）；

$W_{eff,i}$——对应不同应力计算阶段，钢梁或组合梁截面的抗弯模量（mm³）；

f——钢筋、钢梁或混凝土的强度设计值（MPa）。

3 组合梁抗弯承载力的计算应考虑剪力滞效应的影响。

4 计算组合梁负弯矩区抗弯承载力时，如考虑混凝土开裂的影响，应不计负弯矩区混凝土的抗拉贡献，但应计入混凝土板翼缘有效宽度内纵向钢筋的作用。

11.2.2 抗剪计算应符合下列规定：

1 组合梁截面的剪力应全部由钢梁腹板承担，不考虑混凝土板的抗剪作用。

2 组合梁截面抗剪验算应符合下列规定：

$$\gamma_0 V_d \leqslant V_u \quad (11.2.2\text{-}1)$$

$$V_u = f_{vd} \cdot A_w \quad (11.2.2\text{-}2)$$

式中：V_d——组合梁截面的剪力设计值（N）；

V_u——组合梁截面的抗剪承载力（N）；

f_{vd}——钢材的抗剪强度设计值（MPa）；

A_w——钢梁腹板的截面面积（mm²）。

3 组合梁承受弯矩和剪力共同作用时，应考虑两者耦合的影响，按本规范其他章节的相关规定进行验算。

11.2.3 组合梁的混凝土板应进行纵向抗剪验算。

11.2.4 组合梁中的钢梁及连接件应进行疲劳验算。

11.2.5 组合梁应进行整体稳定性验算。

11.3 正常使用极限状态计算

11.3.1 组合梁应满足本规范第 4.2 节规定的变形限值要求。

11.3.2 组合梁的变形计算应符合下列规定：

1 当计算组合梁正常使用极限状态下的挠度时，简支组合梁截面刚度采用考虑滑移效应的折减刚度；当连续组合梁考虑混凝土开裂影响时，中支座两侧 0.15l 范围以外区段组合梁截面刚度采用考虑滑移效应的折减刚度，中支座两侧 0.15l 范围以内区段组合梁截面刚度采用开裂截面刚度。

2 组合梁考虑滑移效应的折减刚度 B 应按下式计算：

$$B = \frac{EI_{un}}{1+\zeta} \quad (11.3.2\text{-}1)$$

$$\zeta = \eta\left[0.4 - \frac{3}{(\alpha l)^2}\right] \quad (11.3.2\text{-}2)$$

$$\eta = \frac{36Ed_{sc}pA_0}{n_s k h l^2} \quad (11.3.2\text{-}3)$$

$$\alpha = 0.81\sqrt{\frac{n_s k A_1}{EI_0 p}} \quad (11.3.2\text{-}4)$$

$$A_0 = \frac{A_c A}{n_0 A + A_c} \quad (11.3.2\text{-}5)$$

$$A_1 = \frac{I_0 + A_0 d_{sc}^2}{A_0} \quad (11.3.2\text{-}6)$$

$$I_0 = I_s + \frac{I_c}{n_0} \quad (11.3.2\text{-}7)$$

式中：I_{un}——组合梁截面未开裂截面惯性矩（mm⁴）；

ζ——刚度折减系数，当 $\zeta \leq 0$ 时，取 $\zeta = 0$；

A_c——混凝土板的截面面积（mm²）；

A——钢梁的截面面积（mm²）；

I_s——钢梁的截面惯性矩（mm⁴）；

I_c——混凝土板的截面惯性矩（mm⁴）；

d_{sc}——钢梁截面形心到混凝土板截面形心的距离（mm）；

h——组合梁的截面高度（mm）；

l——组合梁的等效跨径（mm）；

k——连接件刚度系数，$k = V_{su}$（N/mm）；

V_{su}——圆柱头焊钉连接件的抗剪承载力；

p——连接件的平均间距（mm）；
n_s——连接件在一根梁上的列数；
n_0——钢材与混凝土的弹性模量比。

11.3.3 混凝土板的最大裂缝宽度应按现行《公路钢筋混凝土及预应力混凝土桥涵设计规范》（JTG D62）的相关规定进行计算，并应满足相应的限值要求。

11.4 连接件设计

11.4.1 连接件的选用应符合下列规定：
1 连接件的选用应保证钢和混凝土有效组合并共同承担作用。
2 连接件宜具备一定的剪切变形能力。
3 不同形式的连接件不宜在同一截面混合使用。

11.4.2 连接件的设计应符合下列规定：
1 应能抵抗钢梁和混凝土板之间的水平剪力和掀起作用。
2 应验算钢和混凝土结合面上的纵横向水平剪力。
3 在承载能力极限状态下，连接件应按下式进行抗剪验算：

$$\gamma_0 V_{ld} \leq V_{su} \tag{11.4.2-1}$$

式中：V_{ld}——承载能力极限状态下单个连接件承担的剪力设计值（N）；
V_{su}——单个连接件的抗剪承载力（N）。

4 在正常使用极限状态下，连接件抗剪验算应满足下式要求：

$$V_r \leq 0.75 V_{su} \tag{11.4.2-2}$$

式中：V_r——正常使用极限状态下单个连接件承担的剪力设计值（N）。

11.4.3 纵桥向水平剪力计算应符合下列规定：
1 钢与混凝土结合面上纵桥向水平剪力应按未开裂分析方法进行计算。
2 钢与混凝土结合面上单位长度纵桥向水平剪力 V_{ld} 应按下式计算：

$$V_{ld} = \frac{V_d \cdot S}{I_{un}} \tag{11.4.3-1}$$

式中：V_d——组合梁截面的剪力设计值（N）；
S——混凝土板对组合梁截面中和轴的面积矩（m³）；
I_{un}——组合梁的未开裂截面惯性矩（m⁴）。

3 预应力集中锚固力、混凝土收缩徐变或温差引起的组合梁结合面上的最大单位长度纵桥向水平剪力 V_{ms}，应按下式进行计算：

在梁跨中间：

$$V_{\mathrm{ms}} = \frac{V_{\mathrm{s}}}{l_{\mathrm{cs}}} \qquad (11.4.3\text{-}2)$$

在梁端部：

$$V_{\mathrm{ms}} = \frac{2V_{\mathrm{s}}}{l_{\mathrm{cs}}} \qquad (11.4.3\text{-}3)$$

式中：V_{s}——预应力集中锚固力、混凝土收缩徐变或温差的初始效应在钢和混凝土结合面上产生的纵桥向水平剪力；

l_{cs}——预应力集中锚固力、混凝土收缩徐变或温差引起的纵桥向集中剪力在结合面上的水平传递长度，取主梁相邻腹板间距和主梁长度的1/10两者中的较小值。

11.4.4 圆柱头焊钉连接件的抗剪承载力应按下式进行计算：

$$V_{\mathrm{su}} = \min\{0.43 A_{\mathrm{su}} \sqrt{E_{\mathrm{c}} f_{\mathrm{cd}}}, 0.7 A_{\mathrm{su}} f_{\mathrm{su}}\} \qquad (11.4.4)$$

式中：V_{su}——单个圆柱头焊钉连接件的抗剪承载力（N）；

A_{su}——焊钉杆径的截面面积（mm²）；

f_{cd}——混凝土轴心抗压强度设计值（MPa）；

f_{su}——焊钉材料的抗拉强度最小值（MPa）。

11.4.5 开孔板连接件的单孔抗剪承载力应按下式进行计算：

$$V_{\mathrm{su}} = 1.4(d_{\mathrm{p}}^2 - d_{\mathrm{s}}^2) f_{\mathrm{cd}} + 1.2 d_{\mathrm{s}}^2 f_{\mathrm{sd}} \qquad (11.4.5)$$

式中：d_{p}——开孔板的圆孔直径（mm）；

d_{s}——贯通钢筋直径（mm）；

f_{cd}——混凝土轴心抗压强度设计值（MPa）；

f_{sd}——贯通钢筋抗拉强度设计值（MPa）。

11.5 构造

11.5.1 圆柱头焊钉连接件应符合下列构造要求：

1 焊钉连接件长度不应小于4倍焊钉直径，当有直接拉拔力作用时不宜小于焊钉直径的10倍。

2 焊钉连接件的最大中心间距应符合下列规定：

1）圆柱头焊钉连接件剪力作用方向中心间距不应大于 $18 t_{\mathrm{f}} \sqrt{345/f_{\mathrm{y}}}$，$t_{\mathrm{f}}$ 为焊接位置处的钢板厚度；

2）受压钢板边缘与相邻最近的焊钉连接件边缘距离不应大于 $7 t_{\mathrm{f}} \sqrt{345/f_{\mathrm{y}}}$；

3）焊钉连接件的最大中心间距不宜大于3倍混凝土板厚度且不宜大于300mm。

3 焊钉连接件剪力作用方向中心间距不应小于焊钉直径的 5 倍且不应小于 100mm；剪力作用直角方向中心间距不宜小于焊钉直径的 4 倍。

4 焊钉连接件的外侧边缘至钢板自由边缘的距离不应小于 25mm。

5 焊钉连接件直径不宜大于焊接处钢板厚度的 1.5 倍。

11.5.2 开孔板连接件应符合下列构造要求：

1 当开孔板连接件多列布置时，其横向间距不宜小于开孔钢板高度的 3 倍。

2 开孔板连接件的钢板厚度不宜小于 12mm。

3 开孔板孔径不宜小于贯通钢筋与最大骨料粒径之和。

4 开孔板连接件的贯通钢筋直径不宜小于 12mm，应采用螺纹钢筋。

5 圆孔最小中心间距应符合下列规定：

$$f_{vd}t(l - d_p) \geq V_{su} \qquad (11.5.2)$$

式中：t——开孔板连接件的钢板厚度（mm）；

l——相邻圆孔的中心间距（mm）；

d_p——圆孔直径（mm）；

f_{vd}——开孔钢板抗剪强度设计值（MPa）；

V_{su}——开孔板连接件的单孔抗剪承载力（N）。

12 钢塔

12.1 一般规定

12.1.1 本章适用于采用钢结构的桥塔设计。

12.1.2 钢塔宜采用箱形截面，多肢钢塔宜设置横系梁。

12.1.3 根据结构受力需要和构造要求不同，钢塔柱和混凝土塔柱的连接位置可设在承台顶、下横梁顶或上塔柱中间。钢塔与混凝土塔柱（基础）的连接应安全可靠，必要时可通过试验验证。

12.1.4 钢塔宜采用高强度的钢材作为结构主材，可根据不同的应力要求选用不同强度等级的材料。

12.1.5 钢塔设计必须进行整体稳定性和局部稳定性计算，并保证局部失稳不先于整体失稳发生。

12.1.6 可通过塔柱截面选型或附加气动装置改善钢塔的气动性能。

12.2 构造要求

12.2.1 钢塔宜采用单室结构，截面较大时可采用多室结构。为了抗风需要，也可采用带切角的截面，或根据受力需要选用其他截面形式。

12.2.2 钢塔截面构造设计应满足下列要求：
1 根据钢塔在施工中与成桥后的受力状况，确定截面高度方向上壁板的厚度。
2 加劲肋的尺寸和间距应满足结构局部稳定的要求。
3 壁板间、壁板与加劲肋间焊缝根据受力和构造要求确定，对机加工的节段，离端面 600~1 000mm 范围内需要加大焊缝尺寸。

12.2.3 横隔板应对壁板提供足够的支撑刚度。在满足对壁板加劲刚度的情况下，也可采用中间大部分挖空的横肋结构。横隔板宜按4m间距设置。

12.2.4 钢塔的连接构造设计应满足下列要求：
1 钢塔节段划分应充分考虑节段运输的方便与节段安装时的设备吊装能力。
2 较矮的钢塔节段之间可采用焊接的方式连接。较高的钢塔宜采用高强度螺栓与端面接触共同受力的连接形式。
3 考虑端面接触共同受力时，应在高强度螺栓拼接板上开设金属接触率检查孔。

12.2.5 拉索或索鞍在钢塔上的布置应尽量避免使桥塔受扭。

13 缆索系统

13.1 一般规定

13.1.1 缆索构件及其附属设施的设计应考虑安全性、实用性和耐久性，斜拉索、吊索尚应考虑可调节、可检查、可监测、可维修和可更换。

13.1.2 应设置合理的缆索气动外形、阻尼装置或稳定索，控制振动对缆索构件及其附属设施的影响。

13.1.3 索构件设计除了应考虑《公路桥涵设计通用规范》（JTG D60）中规定的永久作用、可变作用和偶然作用以外，尚应考虑裹冰荷载、更换与断裂等偶然工况的影响。

13.1.4 缆索构件及其附属设施应考虑单根钢丝的防护、钢丝间的防护、构件外表面的防护和构件连接处的防护。

13.1.5 缆索构件的计算应考虑垂度效应和构件长度的变化。

13.1.6 缆索系统的二阶分析中，可变作用的效应应基于给定温度、给定永久作用下的结构初始几何位置。

13.2 结构设计

13.2.1 缆索构件的受拉承载能力极限状态应满足下式要求：

$$\frac{\gamma_0 N_d}{A} \leq f_d \text{ 或 } \gamma_0 N_d \leq N_R \tag{13.2.1}$$

式中：N_d——轴向拉力组合设计值；
　　　A——缆索构件的截面面积；
　　　f_d——缆索构件的抗拉强度设计值；
　　　N_R——缆索构件的抗拉承载力设计值。

13.2.2 缆索的抗疲劳设计应按本规范第 5.5 节抗疲劳设计进行，疲劳抗力根据缆索的疲劳强度曲线和疲劳细节构造分类分别从图 13.2.2 和表 13.2.2 中查取。

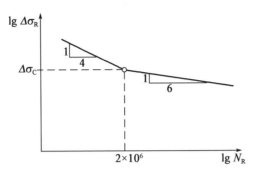

图 13.2.2 缆索构件的疲劳细节曲线

表 13.2.2 缆索构件的疲劳细节

受拉构件类型	疲劳细节 $\Delta\sigma_C$（MPa）
钢丝绳	150
平行钢绞线束	160
平行钢丝束	160

注：采用疲劳荷载模型 I 时，$\Delta\sigma_D = \left(\dfrac{2}{5}\right)^{1/6}\Delta\sigma_C = 0.858\Delta\sigma_C$。

13.2.3 锚头验算应满足下列要求：

1 锚头锚杯内钢丝锚固长度应满足锚固强度的要求，铸锚可按下式计算：

$$l_{sae} \geqslant \frac{0.625 f_k}{v} d_w \qquad (13.2.3\text{-}1)$$

式中：l_{sae}——钢丝在锚杯内的锚固长度（mm），如图 13.2.3 所示；

f_k——钢丝抗拉强度标准值（MPa）；

v——单根钢丝与合金在单位面积上的附着强度，无试验资料时：

铸体材料为热铸料，可取 $v=25\text{MPa}$；

铸体材料为冷铸料，可取 $v=18\text{MPa}$；

d_w——钢丝直径（mm）。

2 锚杯的承载能力极限状态应满足式（13.2.3-2）的要求，锚杯与铸体材料相互作用示意如图 13.2.3 所示。

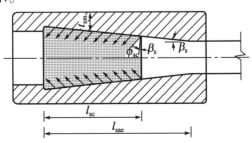

图 13.2.3 锚杯与铸体材料相互作用示意

$$\gamma_0 \sigma_t \leqslant f_d \quad (13.2.3\text{-}2)$$

式中：σ_t——锚杯的环向应力；

f_d——锚杯材料的抗拉强度设计值。

锚杯的环向应力可按下式计算：

$$\sigma_t = \frac{F_t}{l_{sc} t_{sm}} \quad (13.2.3\text{-}3)$$

$$F_t = \frac{N_s}{2\pi \cdot \tan(\varphi_{sc} + \beta_s)} \quad (13.2.3\text{-}4)$$

式中：l_{sc}——铸体材料的有效长度，$l_{sc} = \frac{2}{3} l_{sae}$；

F_t——锚杯环向拉力，可按式（13.2.3-4）计算；

t_{sm}——铸体材料有效长度内锚杯的平均壁厚；

N_s——索股拉力组合设计值；

φ_{sc}——锚杯内铸体上压力线与锚杯内锥面母线的夹角；铸体材料为热铸料时，可取 $\tan\varphi_{sc} = 0.2$；铸体材料为冷铸料时，可取 $\tan\varphi_{sc} = 0.45$；

β_s——锚杯内锥面母线与轴线的夹角，$\tan\beta_s = 1/8 \sim 1/12$；铸体材料为热铸料时，斜度宜取高值；铸体材料为冷铸料时，斜度宜取低值。

14 钢桥面铺装

14.0.1 钢桥面宜采用沥青混凝土铺装,且应具有完善的防水、排水系统。

14.0.2 钢桥面铺装的设计使用年限宜不小于15年。

14.0.3 钢桥面铺装设计应与正交异性钢桥面板结构整体考虑。

14.0.4 钢桥面铺装应充分考虑环境条件、交通条件、结构支撑条件、工程实施条件,并参照国内同地区同类型桥梁桥面铺装的工程经验进行优化设计。

14.0.5 钢桥面铺装除应具有良好的平整性、抗滑性、耐磨性和适应钢板变形的能力外,尚必须具备良好的抗疲劳性能与保护钢桥面板不被侵蚀的功能,其路用性能应符合表14.0.5的要求。

表14.0.5 钢桥面铺装路用性能要求

项 目	技 术 要 求	试 验 方 法[a]
平整度	$IRI \leqslant 2.0 \text{m/km}$	T 0933
	$\sigma \leqslant 1.2 \text{mm}$	T 0932
摩擦系数	$\geqslant 45 \text{BPN}$	T 0964
渗水系数	不渗水[b]	T 0971

注:[a] 试验方法来自《公路路基路面现场测试规程》(JTG E60—2008)。
[b] 环氧沥青混合料或浇注式沥青混合料铺装要求"不渗水";SMA或其他沥青混合料铺装要求"渗水系数≤80mL/min"。

14.0.6 在车辆荷载作用下,除验算正交异性钢桥面板的挠跨比外,钢板和铺装合成后钢桥面铺装的挠跨比 D/L (图14.0.6)不应大于1/1 000。

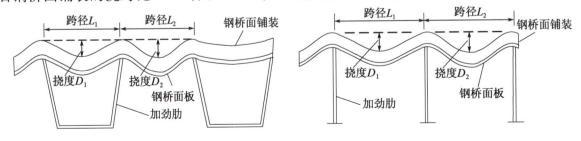

图14.0.6 钢桥面铺装的挠跨比

14.0.7 钢桥面铺装应以铺装结构的抗疲劳性能作为主要控制指标，计算铺装结构在设计荷载作用下的最大拉应力以及铺装与钢板之间的最大剪应力，并通过复合结构试验进行验证。

14.0.8 钢桥面铺装结构应简单、有效，可由防腐层、防水黏结层、沥青混凝土铺装层等组成，总厚度不宜超过 80mm。

14.0.9 钢桥面铺装材料应在使用条件和工程实施条件分析的基础上，参照同地区、同类型桥梁铺装工程的使用情况确定，可选择环氧沥青混凝土、浇注式沥青混凝土、改性沥青 SMA、密级配改性沥青混凝土或其他满足使用要求的材料。

14.0.10 钢桥面中央分隔带铺装材料可选用密水性良好的砂粒式沥青混凝土、浇注式沥青混凝土等，其厚度应略大于行车道铺装层的厚度。

14.0.11 防腐层采用环氧富锌漆的铺装结构，其与钢桥面板的拉拔强度（25℃）不应小于 7.0MPa；采用丙烯酸防腐漆的铺装结构，防腐层与钢桥面板的拉拔强度（25℃）不应小于 5.0MPa。

14.0.12 防水黏结层与防腐层或钢板的拉拔强度（60℃）不宜低于 1.75MPa，抗剪强度（60℃，0.7MPa，1mm/min）不宜低于 0.3MPa。

14.0.13 钢桥面铺装层动稳定度（60℃，0.7MPa，60min）不应小于 3 000 次/mm；弯曲破坏应变（-10℃，50mm/min）不应小于 3 000με。

14.0.14 对特大桥或有特殊使用要求的钢结构桥梁，其桥面铺装宜进行专项设计。

15 防护及维护设计

15.0.1 应对钢结构桥梁进行防腐、防火和养护设计。

15.0.2 钢结构防腐年限应不小于15年。

15.0.3 钢结构桥梁设计应采取措施降低老化、腐蚀、疲劳和设计使用年限内发生的偶然作用导致的损伤。

15.0.4 钢结构桥梁防腐和防火涂料的设计与施工应符合环境保护的要求。

15.0.5 钢结构桥梁应采取下列防腐措施：
1 除锈后应采取涂装或喷镀等防腐措施。
2 受侵蚀介质作用的结构以及在使用年限内不能重新涂装的结构部位应采取其他有效的防锈措施。
3 构造设计应便于养护、检查，应减少能积留湿气和大量灰尘的死角或凹槽。闭口截面构件应沿全长和端部焊接封闭。
4 封闭的箱、鞍座、锚碇和主缆内部宜做除湿设计。

15.0.6 桥梁钢结构应按现行《公路桥梁钢结构防腐涂装技术条件》（JT/T 722）的规定进行表面处理。

15.0.7 维护设计应满足下列要求：
1 桥面和主缆应设置检修道，特大、大桥应根据需要设置养护检查车。
2 桥塔塔柱及横梁内应设计便于上下检查的设施以及照明系统。
3 与桥面同高度处塔柱周边宜设检修平台。
4 塔顶应设置避雷装置，必要时应根据航空、航运管理部门的要求设置航空障碍标志及导航信号设施。
5 塔柱顶宜设置鞍罩或鞍室，其内应设置可靠的防水构造及除湿系统。
6 桥塔塔柱及横梁内外应设置有效的防、排水系统。
7 钢桥面外侧、塔内通道及横梁顶面两侧应设置保护检修人员的护栏系统。

16 支座与伸缩装置

16.1 支座

16.1.1 钢结构梁式桥梁,可采用弧形支座、辊轴式支座、铰轴式支座或性能可靠的其他形式支座。对受力复杂或大跨径桥梁,宜采用盆式支座、球型支座或双曲形支座。

16.1.2 支座应具有一定的刚度。底板厚度应根据支座反力对底板产生的弯矩计算确定,并符合下列规定:
 1 一般活动支座底板厚度不宜小于:热轧钢板的平板支座为20mm;弧形支座支承中心处为40mm;辊轴及摇轴支座为40mm。
 2 铸件各部分加工后尺寸不宜小于30mm。

16.1.3 支座底板长度,在顺桥方向,不宜超过墩台支承面至铰中心高度的2倍;在横桥方向,应使墩台支承面处的底板宽度与铰的长度之差不超过支承面至铰中心高度的2倍。

16.1.4 活动支座底板的计算有效尺寸,在顺桥方向,弧形支座及摇轴支座不应大于底板厚度的4倍,辊轴支座不应大于两排最边辊轴中距加上板厚的4倍;在横桥方向,任何支座均不应大于底板顶面压力接触线长度加板厚的2倍。

16.1.5 支座宜选用自由接触式,并符合下列规定:
 1 辊轴直径应不小于150mm,悬索桥索鞍上的辊轴可不受此限制。割边式辊轴经两边削割后的厚度应不小于直径的1/3。如支座平面尺寸不超过规定或不受限制时,宜少用割边式辊轴支座。
 2 宜采用单辊式支座。在选用多个辊轴时,宜选用偶数。辊轴应采用侧杆联系。
 3 辊轴支座必须有防止横斜滑和纵向滚出的设施。不易养护的支座应四面用防尘罩防护。

16.1.6 钢支座的座板或下摆均应用锚栓固定于墩台上。计算受拔锚栓的锚固力时,应按其内力增加50%。

16.1.7 设计辊轴支座时，应考虑由于温度和活载（包括冲击力）所产生的位移，同时考虑上述因素引起纵向位移后的偏心影响。

16.1.8 弧形支座［图16.1.8a)］和辊轴支座［图16.1.8b)］中圆柱形弧面与平板为线接触，其支座反力 R 应满足下式要求：

$$R \leqslant \frac{40ndlf_d^2}{E} \qquad (16.1.8)$$

式中：d——对辊轴支座为辊轴直径（mm），对弧形支座为弧形表面接触点曲率半径 r 的2倍；

　　　n——辊轴数目，对弧形支座 $n=1$；

　　　l——弧形表面或（单个）辊轴与平板的接触长度（mm）；

　　　f_d——钢材的抗压强度设计值（MPa）；

　　　E——钢材的弹性模量。

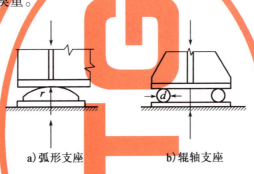

图16.1.8　弧形支座与辊轴支座示意图

16.1.9 铰轴式支座的圆柱形枢轴（图16.1.9），当两相同半径的圆柱形弧面自由接触的中心角 $\alpha \geqslant 90°$ 时，其承压应力 σ 应按下式计算：

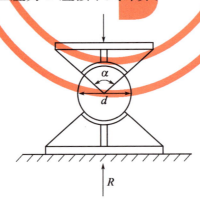

图16.1.9　铰轴式支座示意图

$$\sigma = \frac{2R}{dl} \leqslant f_d \qquad (16.1.9)$$

式中：d——枢轴直径（mm）；

　　　l——枢轴纵向接触面长度（mm）；

f_d——钢材的抗压强度设计值（MPa）。

16.1.10 设计时应考虑支座的可更换性。

16.2 伸缩装置

16.2.1 可根据伸缩量大小，采用模数式伸缩装置或梳齿板式伸缩装置。

16.2.2 伸缩量的确定应根据桥梁结构设计计算得出的最大伸缩量，并考虑增加25%～35%的富余量。

16.2.3 伸缩装置设计时，应考虑下列因素：
1 伸缩装置两端相对位移和转角。
2 桥面纵坡和横坡间的角度及活动支座的移动方向。
3 偏心的影响。
4 伸缩装置竖向错位的容许值应不小于15mm。

附录 A 轴心受压构件整体稳定折减系数

A.0.1 轴心受压构件整体稳定折减系数,应根据构件的长细比、钢材屈服强度和表 A.0.1-1、表 A.0.1-2 的截面分类按下式计算:

$$\begin{cases} \bar{\lambda} \leqslant 0.2 \text{ 时}: \chi = 1 \\ \bar{\lambda} > 0.2 \text{ 时}: \chi = \dfrac{1}{2} \left\{ 1 + \dfrac{1}{\bar{\lambda}^2}(1 + \varepsilon_0) - \sqrt{\left[1 + \dfrac{1}{\bar{\lambda}^2}(1 + \varepsilon_0)\right]^2 - \dfrac{4}{\bar{\lambda}^2}} \right\} \end{cases} \quad (A.0.1\text{-}1)$$

其中,相对长细比 $\bar{\lambda}$ 按下式计算:

$$\bar{\lambda} = \sqrt{\frac{f_y}{\sigma_{E,cr}}} = \frac{\lambda}{\pi}\sqrt{\frac{f_y}{E}} \quad (A.0.1\text{-}2)$$

$$\varepsilon_0 = \alpha(\bar{\lambda} - 0.2) \quad (A.0.1\text{-}3)$$

$$\sigma_{E,cr} = \frac{\pi^2 E}{\lambda^2} \quad (A.0.1\text{-}4)$$

式中:$\sigma_{E,cr}$——轴心受压构件弹性稳定欧拉应力;

λ——轴心受压构件长细比,无可靠资料时可按本规范第 A.0.2 条或有限元方法计算;

α——参数,根据表 A.0.1-1 取值。

表 A.0.1-1 轴心受压构件整体稳定折减系数的计算参数 α

屈曲曲线类型	a	b	c	d
参数 α	0.2	0.35	0.5	0.8

表 A.0.1-2 轴心受压构件整体稳定折减系数的截面分类

横截面形式		限制条件		屈曲方向	屈曲曲线类型(图 A.0.1)
轧制截面	(工字形截面图)	$h/b > 1.2$	$t_f \leqslant 40\text{mm}$	y 轴 z 轴	a b
			$40 < t_f \leqslant 100\text{mm}$	y 轴 z 轴	b c
		$h/b \leqslant 1.2$	$t_f \leqslant 100\text{mm}$	y 轴 z 轴	b c

续表 A.0.1-2

横截面形式		限 制 条 件	屈曲方向	屈曲曲线类型（图 A.0.1）
焊接I形截面	(工字形图示)	$t_f \leq 40mm$	y 轴 z 轴	b c
		$t_f > 40mm$	y 轴 z 轴	c d
空心截面	(圆形、方形、矩形空心图示)	热轧	任意	a
		冷弯	任意	c
焊接箱形截面	(箱形图示)	一般截面（空心截面除外）	任意	b
		宽焊缝 $h_f > 0.5t_f$ $\dfrac{b}{t_f} < 30$ $\dfrac{h}{t_w} < 30$	任意	c
槽形、T形截面	(槽形、T形图示)	任意	任意	c
L形截面	(L形图示)	任意	任意	b

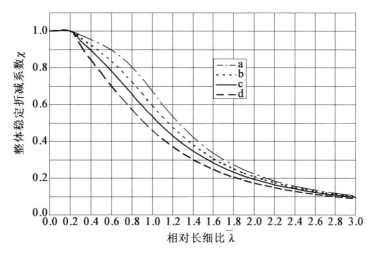

图 A.0.1 轴心受压构件整体稳定折减系数

A.0.2 等截面杆件的长细比应根据下列规定确定:

1 实腹式双轴对称截面杆件的长细比应按照下列规定确定:

$$\lambda_y = \frac{l_{0y}}{i_y}; \lambda_z = \frac{l_{0z}}{i_z} \quad (A.0.2\text{-}1)$$

式中: λ_y、λ_z——杆件对主轴 y 和 z 的长细比;
l_{0y}、l_{0z}——杆件对主轴 y 和 z 的计算长度 (mm);
i_y、i_z——杆件截面对主轴 y 和 z 的回转半径 (mm)。

2 实腹式截面为单轴对称的杆件，绕非对称轴弯曲失稳的长细比 λ_y 按式 (A.0.2-1) 计算，绕对称轴弯扭失稳的换算长细比 λ_{zx} 应考虑扭转效应按下式计算:

$$\lambda_{zx} = \frac{1}{\sqrt{2}}\left[(\lambda_z^2 + \lambda_x^2) + \sqrt{(\lambda_z^2 + \lambda_x^2)^2 - 4\left(1 - \frac{e_0^2}{i_0^2}\right)\lambda_z^2\lambda_x^2}\right]^{\frac{1}{2}} \quad (A.0.2\text{-}2)$$

$$\lambda_x^2 = \frac{i_0^2 A}{\dfrac{I_t}{25.7} + \dfrac{I_\omega}{l_\omega^2}} \quad (A.0.2\text{-}3)$$

$$i_0^2 = e_0^2 + i_z^2 + i_y^2 \quad (A.0.2\text{-}4)$$

式中: e_0——截面形心至剪力中心的距离 (mm);
i_0——截面对剪力中心的极回转半径 (mm);
i_y、i_z——截面对 y 轴、z 轴回转半径 (mm);
λ_z——构件绕对称轴的长细比;
λ_x——扭转屈曲的换算长细比;
I_t——毛截面抗扭惯性矩 (mm^4);
I_ω——毛截面扇性惯性矩 (mm^4)，对 T 形截面 (轧制、双板焊接、双角钢组合)、十字形截面和角形截面可近似取 $I_\omega = 0$;
A——毛截面面积 (mm^2);
l_ω——扭转屈曲的计算长度 (mm)，对两端铰接且端部截面可自由翘曲或两端嵌固端部截面的翘曲完全受到约束的杆件，取 $l_\omega = l_{0z}$。

3 格构式构件

格构式轴心受压构件绕实轴弯曲失稳的长细比仍应按式 (A.0.2-1) 计算，但绕虚轴 [图 A.0.2a) 的 y 轴和图 A.0.2b)、c) 的 y 轴和 z 轴] 弯曲失稳的长细比应取换算长细比。换算长细比 λ_{0y}、λ_{0z} 应按下列公式计算:

1) 双肢组合构件 [图 A.0.2a)]:

当缀件为缀板时:

$$\lambda_{0y} = \sqrt{\lambda_y^2 + \lambda_1^2} \quad (A.0.2\text{-}5)$$

当缀件为缀条时:

$$\lambda_{0y} = \sqrt{\lambda_y^2 + 27\frac{A}{A_{1y}}} \quad (A.0.2\text{-}6)$$

式中：λ_y——整个构件对 y 轴的长细比；
　　λ_1——分肢对最小刚度轴 1-1 的长细比，其计算长度取为：焊接时，为相邻两缀板的净距离；螺栓连接时，为相邻两缀板边缘螺栓的距离；
　　A_{1y}——构件截面中垂直于 y 轴的各斜缀条毛截面面积之和（mm^2）。

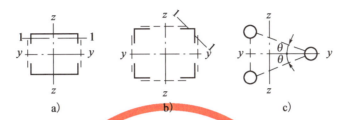

图 A.0.2　格构式组合构件截面

2）四肢组合构件 [图 A.0.2b]：

当缀件为缀板时：

$$\lambda_{0y} = \sqrt{\lambda_y^2 + \lambda_1^2} \quad (A.0.2-7)$$

$$\lambda_{0z} = \sqrt{\lambda_z^2 + \lambda_1^2} \quad (A.0.2-8)$$

当缀件为缀条时：

$$\lambda_{0y} = \sqrt{\lambda_y^2 + 40\frac{A}{A_{1y}}} \quad (A.0.2-9)$$

$$\lambda_{0z} = \sqrt{\lambda_z^2 + 40\frac{A}{A_{1z}}} \quad (A.0.2-10)$$

式中：λ_z——整个构件对 z 轴的长细比；
　　A_{1z}——构件截面中垂直于 z 轴的各斜缀条毛截面面积之和（mm^2）。

3）缀件为缀条的三肢组合构件 [图 A.0.2c]：

$$\lambda_{0y} = \sqrt{\lambda_y^2 + \frac{42A}{A_1(1.5 - \cos^2\theta)}} \quad (A.0.2-11)$$

$$\lambda_{0z} = \sqrt{\lambda_z^2 + \frac{42A}{A_1\cos^2\theta}} \quad (A.0.2-12)$$

式中：A_1——构件截面中各斜缀条毛截面面积之和（mm^2）；
　　θ——构件截面内缀条所在平面与 y 轴的夹角。

注：1. 同一截面处缀板的线刚度之和不得大于柱较大分肢线刚度的 6 倍。
　　2. 斜缀条与构件轴线间的夹角应在 40°～70°范围内。

4）对格构式轴心受压构件，当缀件为缀条时，其分肢的长细比 λ_1 不应大于构件两方向长细比（对虚轴取换算长细比）较大值 λ_{max} 的 0.7 倍；当缀件为缀板时，λ_1 不应大于 40，并不应大于 λ_{max} 的 0.5 倍（$\lambda_{max} < 50$ 时，取 $\lambda_{max} = 50$）。

A.0.3　等截面受压杆件的计算长度规定见表 A.0.3-1，对于边界条件复杂或变截面杆件可用有限元方法计算。无可靠资料时,桁架和纵向及横向联结系杆件的计算长度可参考表 A.0.3-2 计算。

表 A.0.3-1 杆件的计算长度

边界条件	杆件计算长度 l	附注
两端简支	$l = L$	
两端固定	$l = 0.5L$	L——杆件有效约束间的长度
一端自由,另一端固定	$l = 2.0L$	
一端简支,另一端固定	$l = 0.7L$	

表 A.0.3-2 桁架和纵向及横向联结系杆件的计算长度

	杆 件	弯曲平面		附 注
		平面内	平面外	
主桁	弦杆	l_0	l_0	l_0——主桁各杆件的几何长度（即杆端节点中距）,如杆件全长被横向结构分割时,则为其较长的一段长度; l_1——从相交点至杆端节点中较长的一段长度; l_2——纵向（横向）联结系杆件轴线与节点板连在主桁杆件的固着线交点之间的距离
	端斜杆、端立杆、连续梁中间支点处立柱或斜杆作为桥门架时	$0.9l_0$	l_0	
	桁架的腹杆 无相交和无交叉	$0.8l_0$	l_0	
	桁架的腹杆 与杆件相交或相交叉（不包括与拉杆相交叉）	l_1	l_0	
	桁架的腹杆 与拉杆相交叉	l_1	$0.7l_0$	
纵向及横向联结系	无交叉	l_2	l_2	
	与拉杆相交叉	l_1	$0.7l_2$	
	与拉杆相交或相交叉（不包括与拉杆相交叉）	l_1	l_2	

附录 B 受压加劲板的弹性屈曲系数

B.0.1 均匀受压加劲板的弹性屈曲系数可采用弹性稳定理论计算。加劲肋尺寸符合本规范第5.1.5条规定时，弹性屈曲系数可按下列简化公式计算：

1 无纵横加劲肋或由刚性加劲肋分割成的三边简支一边自由板元的弹性屈曲系数 k 可由下式计算：

$$k = 0.425 \quad (B.0.1\text{-}1)$$

2 无纵横加劲肋或由刚性加劲肋分割成四边简支板元的弹性屈曲系数 k 可由下式计算：

$$\begin{cases} k = \left(\alpha + \dfrac{1}{\alpha}\right)^2 & \left(\alpha = \dfrac{a}{b} < 1\right) \\ k = 4 & \left(\alpha = \dfrac{a}{b} \geqslant 1\right) \end{cases} \quad (B.0.1\text{-}2)$$

式中：α——板元的长宽比，$\alpha = \dfrac{a}{b}$；

a——板元的长度（横隔板或刚性横向加劲肋的间距）（mm）；

b——板元的宽度（腹板或刚性纵向加劲肋的间距）（mm）。

3 对纵向加劲肋等间距布置且无横向加劲肋或设置刚性横向加劲肋的加劲板，其弹性屈曲系数 k 可由下式计算：

$\gamma_l \geqslant \gamma_l^*$ 时

$$k = 4 \quad (B.0.1\text{-}3)$$

$\gamma_l < \gamma_l^*$ 时

$$\begin{cases} k = \dfrac{(1+\alpha^2)^2 + n\gamma_l}{\alpha^2(1+n\delta_l)} & \left(\alpha = \dfrac{a}{b} \leqslant \alpha_0\right) \\ k = \dfrac{2(1+\sqrt{1+n\gamma_l})}{1+n\delta_l} & \left(\alpha = \dfrac{a}{b} > \alpha_0\right) \end{cases} \quad (B.0.1\text{-}4)$$

式中：n——受压板被纵向加劲肋分割的板元数，$n = n_l + 1$；

n_l——等间距布置纵向加劲肋根数；

α——加劲板的长宽比，$\alpha = \dfrac{a}{b}$；

a——加劲板的长度（横隔板或刚性横向加劲肋的间距）（mm）；

b——加劲板的宽度（腹板或刚性纵向加劲肋的间距）（mm）；

δ_l——单根加劲肋的截面面积与被加劲板的面积之比，$\delta_l = \dfrac{A_l}{bt}$；

t——加劲板的厚度（mm）；

A_l——单根加劲肋的截面面积（mm²）；

γ_l——纵向加劲肋的相对刚度，$\gamma_l = \dfrac{EI_l}{bD}$；

I_l——单根纵向加劲肋对被加劲板的抗弯惯性矩（mm⁴）（图5.1.6-2）；

D——单宽板刚度，$D = \dfrac{Et^3}{12(1-\nu^2)}$。

$$\begin{cases} \gamma_l^* = \dfrac{1}{n}[4n^2(1+n\delta_l)\alpha^2 - (\alpha^2+1)^2] & (\alpha \leqslant \alpha_0) \\ \gamma_l^* = \dfrac{1}{n}\{[2n^2(1+n\delta_l)-1]^2 - 1\} & (\alpha > \alpha_0) \end{cases} \quad (B.0.1\text{-}5)$$

$$\alpha_0 = \sqrt[4]{1+n\gamma_l} \quad (B.0.1\text{-}6)$$

4 对纵横向加劲肋等间距布置的加劲板，其弹性屈曲系数 k 可由下式计算：

1）横向加劲肋的相对刚度满足下式要求时，横向加劲肋可作为简支边，弹性屈曲系数 k 按仅设纵向加劲肋的四边简支板计算，其中加劲板的长度按横向加劲肋的间距 a_t 计算。

$$\gamma_t \geqslant \dfrac{1+n\gamma_l^*}{4\left(\dfrac{a_t}{b}\right)^3} \quad (B.0.1\text{-}7)$$

2）横向加劲肋的相对刚度不满足式（B.0.1-7）的要求时，弹性屈曲系数 k 可由下式计算：

$\gamma_l < \gamma_l^*$ 时

$$\begin{cases} k = \dfrac{(1+\alpha^2)^2 + n\gamma_l + \alpha^4(n_t+1)\gamma_t}{\alpha^2(1+n\delta_l)} & \left(\alpha = \dfrac{a}{b} \leqslant \alpha_0\right) \\ k = \dfrac{2\{1+\sqrt{(1+n\gamma_l)[1+(n_t+1)\gamma_t]}\}}{1+n\delta_l} & \left(\alpha = \dfrac{a}{b} > \alpha_0\right) \end{cases} \quad (B.0.1\text{-}8)$$

$$\alpha_0 = \sqrt[4]{\dfrac{1+n\gamma_l}{1+(n_t+1)\gamma_t}} \quad (B.0.1\text{-}9)$$

$$\gamma_t = \dfrac{EI_t}{aD} \quad (B.0.1\text{-}10)$$

式中：I_t——单根横向加劲肋对被加劲板的抗弯惯性矩（mm⁴）；

n_t——等间距布置横向加劲肋根数。

B.0.2 在如图 B.0.2 所示的不均匀压应力作用下，四边简支板的弹性屈曲系数 k 可由下式计算：

$$\begin{cases} k = \dfrac{8.2}{1.05+\psi} & (1 \geqslant \psi \geqslant 0) \\ k = 7.81 - 6.29\psi + 9.78\psi^2 & (0 \geqslant \psi \geqslant -1) \\ k = 5.98(1-\psi)^2 & (-1 \geqslant \psi \geqslant -2) \end{cases}$$

(B.0.2-1)

$$\psi = \frac{\sigma_2}{\sigma_1}$$

(B.0.2-2)

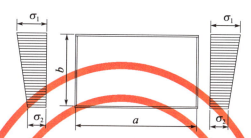

图 B.0.2 不均匀压应力四边简支板

B.0.3 四边简支双向均匀受压板的弹性屈曲系数 k 可由下列公式计算：

$$\begin{cases} k = \dfrac{1}{1+\xi\alpha^2}\left(\alpha + \dfrac{1}{\alpha}\right)^2 & \left(0.5 \geqslant \xi \geqslant 0 \text{ 且 } \alpha < \dfrac{1}{\sqrt{1-2\xi}} \text{ 或 } 1.0 \geqslant \xi \geqslant 0.5\right) \\ k = 4(1-\xi) & \left(0.5 \geqslant \xi \geqslant 0 \text{ 且 } \alpha \geqslant \dfrac{1}{\sqrt{1-2\xi}}\right) \end{cases}$$

(B.0.3-1)

$$\xi = \frac{\sigma_y}{\sigma_x}$$

(B.0.3-2)

式中：α——板的长宽比，$\alpha = \dfrac{a}{b}$；

a——板的长度（横隔板或刚性横向加劲肋的间距）；

b——板的宽度（腹板或刚性纵向加劲肋的间距）；

σ_x——轴向压应力；

σ_y——横向压应力。

附录 C 疲劳细节

表 C.0.1 基材构件和机械紧固接头

细节类别	构造细节	说 明	要 求
160	① ② ③	轧制与冲压件： ①钢板与扁钢。 ②轧制型钢。 ③矩形或圆形截面的无缝钢管	①~③：打磨除去刃边、表面与轧制缺陷，使构件表面光滑平顺
140	④	切割或气割钢板： ④切割或机械气割后修整的材料。 ⑤边缘带有浅且规则线痕的机械气割材料或修整过边缘不连续的手工气割材料	④除去所有可见的边缘不连续。 通过机械加工或打磨切割区域，除去所有毛边； 仅允许存在平行受力方向的机械刮痕（例如打磨加工刮痕）； ④和⑤：通过打磨改善凹角（坡度≤1/4）或计算时选用适当的应力集中系数。 无补焊修补
125	⑤		
	构造细节①~⑤如果由耐候钢制造，其细节类别应降低一个等级		
100 $m=5$	⑥ ⑦	⑥和⑦：构造细节同①、②、③的轧制与冲压件	⑥和⑦：剪应力按下式计算：$\tau = \dfrac{VS(t)}{It}$
110	⑧	⑧采用摩擦型高强度螺栓的双面对称接头	⑧$\Delta\sigma$按毛截面计算
		⑧采用摩擦型注脂螺栓的双面对称接头	⑧$\Delta\sigma$按毛截面计算
90	⑨	⑨采用 A、B 级螺栓的双面接头	⑨$\Delta\sigma$按净截面计算
		⑨采用非摩擦型注脂螺栓的双面连接	⑨$\Delta\sigma$按净截面计算
	⑩	⑩采用摩擦型高强度螺栓的单面连接	⑩$\Delta\sigma$按毛截面计算

⑧~⑬螺栓间距应满足本规范第 6.3.3 条和第 6.3.4 条的规定

续表 C.0.1

细节类别	构造细节	说 明	要 求
90	⑪	⑩采用摩擦型注脂螺栓的单面连接	⑩Δσ按毛截面计算
		⑪承受弯曲与轴力组合作用的带孔构件	⑪Δσ按净截面计算
80	⑫	⑫采用A、B级螺栓的单面连接	⑫Δσ按净截面计算
		⑫采用非摩擦型注脂螺栓的单面连接	⑫Δσ按净截面计算
50	⑬	⑬采用C级螺栓的单面或双面对称连接，栓孔为普通清孔方式，受力方向保持不变	⑬Δσ按净截面计算
50	当$\phi>30mm$时，考虑尺寸效应，$k_s=\left(\dfrac{30}{\phi}\right)^{0.25}$ ⑭	⑭轧制或带有螺纹的受拉螺栓和螺杆	⑭Δσ采用螺栓的有效直径计算面积。必须考虑由撬力和其他因素导致的拉力和弯矩。对摩擦型螺栓，应考虑应力幅折减
100 $m=5$	⑮	单剪或双剪螺栓：螺纹不在剪切面内。⑮A、B级螺栓，单向受力的C级螺栓（螺栓等级5.6、8.8或10.9）	⑮Δτ按螺杆毛面积计算

⑧~⑬螺栓间距应满足本规范第6.3.3条和第6.3.4条的规定

表 C.0.2 焊 接 截 面

细节类别	构造细节	说 明	要 求
125	① ②	连续纵向焊缝：①双面自动对接焊。②自动角焊缝。盖板端部按表C.0.5细节⑥或⑦验算	①和②：除非对起焊/终焊位置进行焊后处理并用可靠方法验证修复效果，不适于起焊/终焊位置
110	③ ④	③自动双面对接焊缝或角焊缝，包含起焊/终焊位置。④带有垫片的单面自动对接焊缝，不含起焊/终焊位置	④如果包含起焊/终焊位置，细节类别采用100

续表 C.0.2

细节类别	构造细节	说　明	要　求
100	⑤　⑥	⑤手工焊 ⑥单侧对接焊缝，尤其对于箱梁	⑤~⑥腹板与翼缘板间必须密贴，腹板边缘根部熔透而无烧漏
100	⑦	⑦对细节①~⑥中焊缝修整后的状态	⑦当采用专业打磨除去所有明显的缺陷，并经过充分核查后，可以按原来细节类别验算
80	⑧ $g/h \leqslant 2.5$	⑧间断的纵向角焊缝	⑧$\Delta\sigma$根据翼缘中的正应力计算
70	⑨	⑨纵向对接焊缝、角焊缝或带有直径不超过60mm的过焊孔的间断焊缝。 过焊孔高度若大于60mm，见表C.0.4细节①	⑨$\Delta\sigma$根据翼缘中的正应力计算
125		⑩纵向对接焊缝，两侧沿受力方向打磨平齐，Ⅰ级焊缝	
110	⑩	⑩不打磨，且不包含起焊/终焊位置	
90		⑩包含起焊/终焊位置	
140		⑪空心截面自动纵向密封焊缝	⑪壁厚 $t \leqslant 12.5$mm
125	⑪	⑪空心截面自动纵向密封焊缝，不包含起焊/终焊位置	⑪壁厚 $t > 12.5$mm
90		⑪包含起焊/终焊位置	

表 C.0.3 横向对接焊缝

细节类别	构造细节		说明	要求
110	尺寸效应: $t > 25\text{mm}$ $k_s = \left(\dfrac{25}{t}\right)^{0.2}$	①②③④	无垫板: ①钢板与扁钢的横向拼接。 ②板梁装配前翼缘板间或腹板间的横向拼接。 ③轧制截面横向全截面对接焊缝,不设过焊孔。 ④钢板或扁钢的横向拼接,宽度或厚度方向坡度≤1/4	所有焊缝沿箭头方向打磨平齐; 使用引弧板,移除后板边沿受力方向打磨平齐; 两侧施焊,实施无损检测。 ③只适用于轧制截面接头,截面截断后再重新焊接
90	尺寸效应: $t > 25\text{mm}$ $k_s = \left(\dfrac{25}{t}\right)^{0.2}$	⑤⑥⑦	⑤钢板与扁钢的横向拼接。 ⑥未设过焊孔的轧制构件横向全截面对接焊缝。 ⑦钢板或扁钢的横向拼接,接坡≤1/4。焊缝过渡处不必考虑坡度	焊缝余高不超过焊缝宽度的10%,且表面平滑过渡; 使用引弧板,移除后板边沿受力方向打磨平齐; 两侧施焊,实施无损检测。 ⑤和⑦采用平放施焊
90	尺寸效应: $t > 25\text{mm}$ $k_s = \left(\dfrac{25}{t}\right)^{0.2}$	⑧	⑧同细节③,但设有过焊孔	所有焊缝沿箭头方向打磨平齐; 使用引弧板,移除后板边沿受力方向打磨平齐; 两侧施焊,实施无损检测。 型钢规格相同
80	尺寸效应: $t > 25\text{mm}$ $k_s = \left(\dfrac{25}{t}\right)^{0.2}$	⑨⑩	⑨无过焊孔的焊接板梁横向拼接。 ⑩设过焊孔的轧制型钢全截面横向对接焊缝	焊缝余高不超过焊缝宽度的20%,且表面平滑过渡; 焊缝不必磨平; 使用引弧板,移除后板边沿受力方向打磨平齐; 两侧施焊,实施无损检测。 ⑩焊缝余高不超过焊缝宽度的10%,且表面平滑过渡

续表 C.0.3

细节类别	构造细节	说　明	要　求
80	尺寸效应： $t > 25\text{mm}$ $k_s = \left(\dfrac{25}{t}\right)^{0.2}$ ⑪	⑪钢板、扁钢、轧制型钢或板梁的横向拼接	焊缝余高不超过焊缝宽度的20%，且表面平滑过渡； 焊缝不必磨平； 使用引弧板，移除后板边沿受力方向打磨平齐； 两侧施焊，实施无损检测。 ⑩焊缝余高不超过焊缝宽度的10%，且表面平滑过渡
60	⑫	⑫不设过焊孔的轧制型钢全截面横向对接焊缝	使用引弧板，移除后板边沿受力方向打磨平齐； 两侧施焊
35	⑬	⑬单侧对接焊缝	⑬无垫板
70	尺寸效应： $t > 25\text{mm}$ $k_s = \left(\dfrac{25}{t}\right)^{0.2}$	⑬单侧全熔透对接焊缝，采用超声波探伤	
70	尺寸效应： $t > 25\text{mm}$ $k_s = \left(\dfrac{25}{t}\right)^{0.2}$ ⑭　　⑮	带垫板： ⑭横向拼接。 ⑮横向对接焊缝，宽度或厚度方向坡度≤1/4。 同样适用于弯板	⑭和⑮焊缝到板边距离≥10mm。 定位焊包含在对接焊缝内部
50	尺寸效应： $t > 25\text{mm}$ $k_s = \left(\dfrac{25}{t}\right)^{0.2}$ ⑯	⑯永久垫板上的横向对接焊缝，宽度和厚度方向坡度≤1/4。同样适用于弯板	⑯焊缝端部距板边<10mm或无法保证焊缝与衬条间紧密贴合时
70	尺寸效应：$t > 25\text{mm}$ 和（或）普通偏心 坡度≤1/2 ⑰ $k_s = \left(\dfrac{25}{t_1}\right)^{0.2} \Big/ \left(1 + \dfrac{6e}{t_1} \dfrac{t_1^{1.5}}{t_1^{1.5} + t_2^{1.5}}\right)$	⑰不同厚度板横向对接焊缝，板间不设接坡，两板中心对齐	

表 C.0.4　焊接附连件与加劲肋

细节类别	构造细节		说　明	要　求
80	$L \leqslant 50$mm	①	纵向附连件： ①细节类别根据附连件长度进行变化	附连件的厚度必须小于其高度。否则参见表 C.0.5 的细节⑤或细节⑥
70	$50 < L \leqslant 80$mm			
60	$80 < L \leqslant 100$mm			
55	$L > 100$mm			
70	$L > 100$mm $\alpha < 45°$	②	②钢板或钢管的纵向附连件	
80	$r > 150$mm	③	③附连件与钢板或钢管通过纵向角焊缝连接，采用圆弧过渡；角焊缝端部加强（全熔透），加强段的焊缝长度 $>r$	③和④：过渡圆弧在焊前加工，焊后采用沿箭头方向的打磨，除去焊趾
90	$\dfrac{r}{L} \geqslant \dfrac{1}{3}$ 或 $r > 150$mm	④	④附连件与板或翼缘板的侧边焊接连接，有圆弧过渡	
70	$\dfrac{1}{6} \leqslant \dfrac{r}{L} \leqslant \dfrac{1}{3}$			
50	$\dfrac{r}{L} < \dfrac{1}{6}$			
40	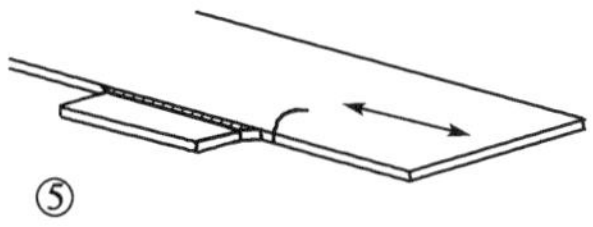	⑤	⑤附连件与板或翼缘板的侧边焊接连接，无圆弧过渡	
80	$l \leqslant 50$mm	⑥　⑦	横向附连件： ⑥与板焊接。 ⑦梁或板梁上的竖向加劲肋。 ⑧与翼缘或腹板焊接的箱梁横隔板。可能不适用于较小空心截面。此值同样适用于环状加劲。 ⑨剪力钉在基材上的焊接	⑥和⑦：仔细打磨焊缝端部，除去所有咬边。 ⑦如加劲肋在腹板上终止，$\Delta\sigma$ 采用主应力计算，如图左焊缝所示
70	$50 < l \leqslant 80$mm	⑧		
80		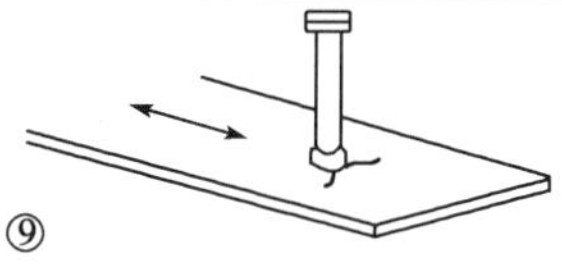 ⑨		

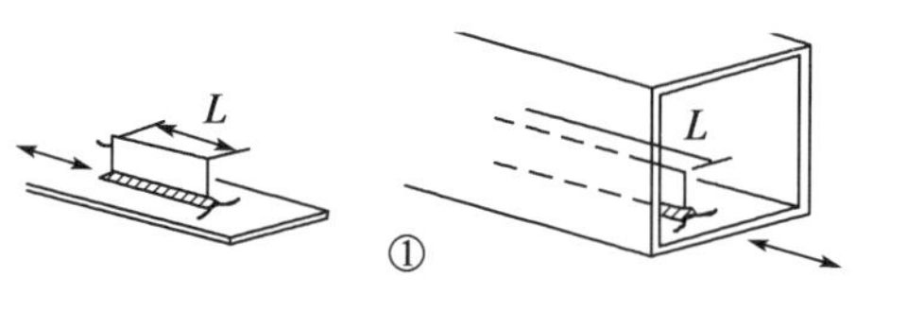

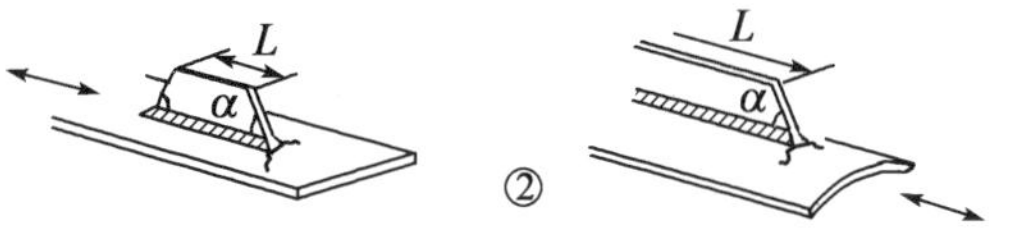

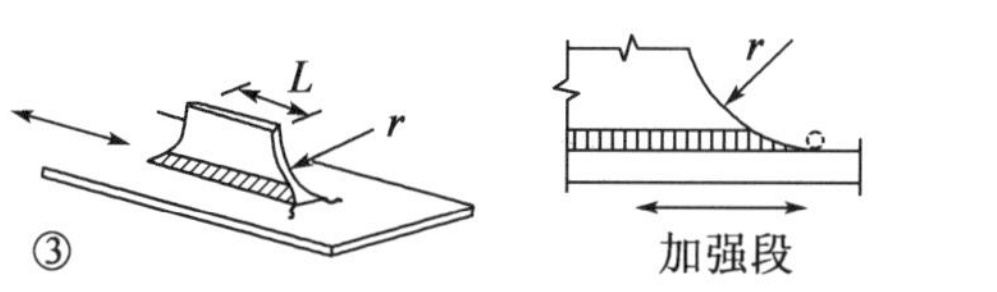

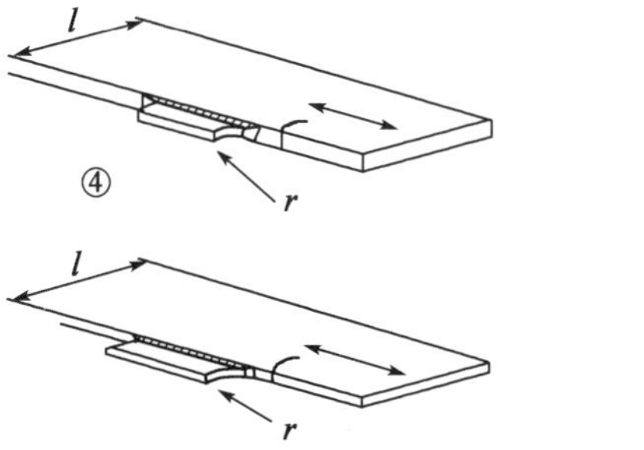

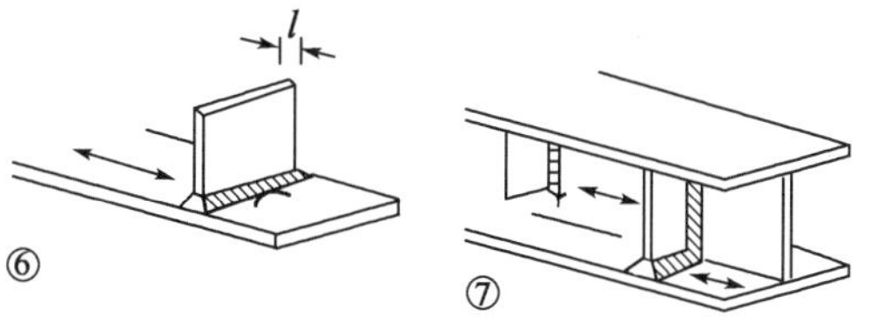

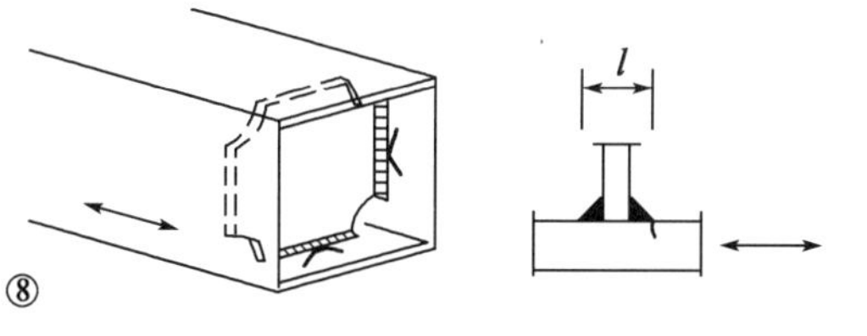

表 C.0.5 承载焊接接头

细节类别	构造细节	说 明	要 求
80	$l<50$mm		
70	50mm$<l\leqslant 80$mm		
60	80mm$<l\leqslant 100$mm		
55	100mm$<l\leqslant 120$mm		
55	$l>120$mm，$t\leqslant 20$mm	十字形和T形接头： ①全熔透对接焊缝或部分熔透对接焊的焊趾	②计算时应考虑应力集中系数。 ③部分熔透接头要求两种疲劳评定： 第一，焊根按$\Delta\sigma_w$和$\Delta\tau_w$对应细节等级验算； 第二，焊趾开裂通过确定承载钢板的$\Delta\sigma$计算。 ①~③：承载钢板偏心不应超过中间板厚的15%
50	120mm$<l\leqslant 200$mm，$t>20$mm $l>200$mm，20mm$<t\leqslant 30$mm		
45	200mm$<l\leqslant 300$mm，$t>30$mm $l>300$mm，30mm$<t\leqslant 50$mm		
40	$l>300$mm，$t>50$mm		
同表C.0.5细节①	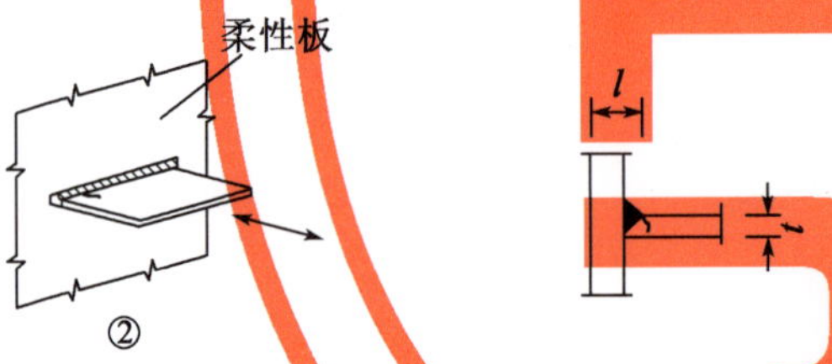	②钢板附连件端部的焊趾失效	
35*	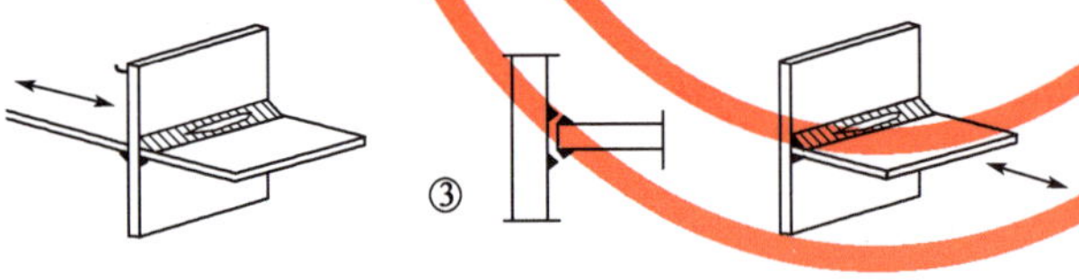	③部分融透T形接头或角焊缝接头或有效全熔透T形对接接头的焊根失效	
同表C.0.5细节①	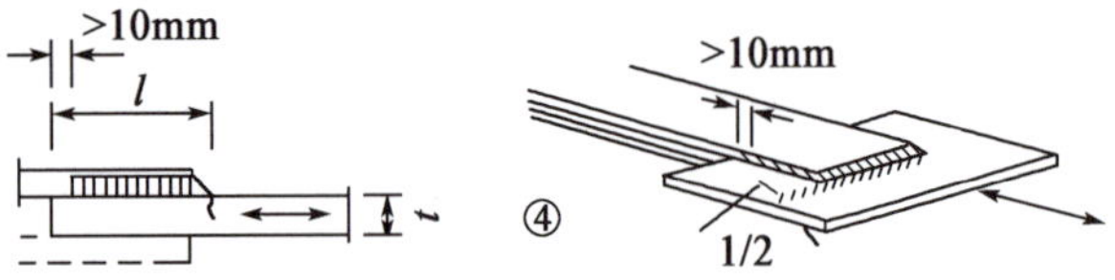 主要板件受力区域：坡度=1/2	搭接焊接接头： ④角焊缝围焊接头	④$\Delta\sigma$的有效面积按1/2的斜率计算（图中斜线）。 ⑤计算搭接板中的$\Delta\sigma$。 ④和⑤：焊缝终点至板边距离大于10mm；焊缝剪切开裂应采用细节⑧验算
45*	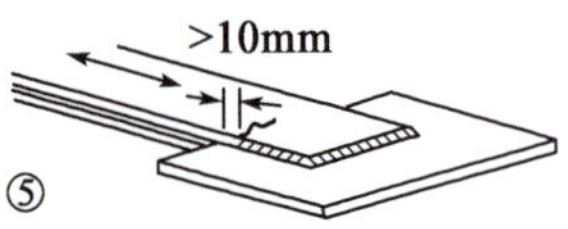	搭接： ⑤角焊缝围焊接头	

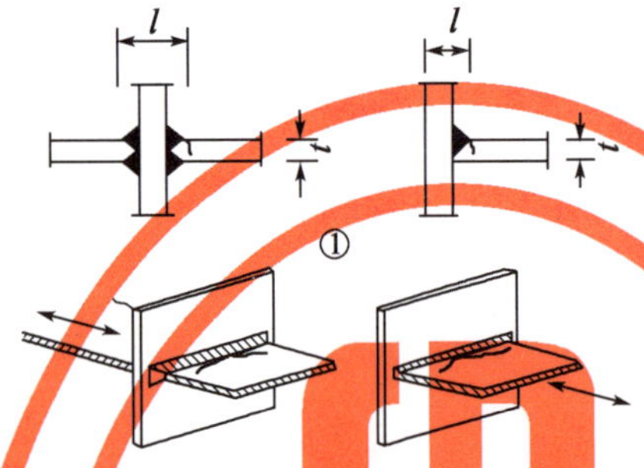

续表 C.0.5

细节类别	构造细节			说明	要求
	$t_c < t$	$t_c \geq t$		梁或板梁的盖板： ⑥单缝或多缝焊接盖板末端	⑥如果盖板宽度超过翼缘板，需设置横向端焊缝，且焊缝应仔细打磨除去咬边；盖板长度不得小于300mm。对于更短附连件按细节①计算考虑尺寸效应
55*	$t \leq 20$mm				
50	20mm$< t \leq$30mm	$t \leq 20$mm			
45	30mm$< t \leq$50mm	20mm$< t \leq$30mm			
40	$t > 50$mm	30mm$< t \leq$50mm			
35		$t > 50$mm			
55			⑦	⑦梁或板梁的盖板。加强焊缝最小长度为$5t_c$	⑦横向端焊缝打磨平滑。另外，如果$t_c > 20$mm，板的前端打磨坡度$<1/4$
80 $m=5$			⑧ ⑨	⑧传递剪力流的连续角焊缝，例如板梁中腹板和翼缘间的焊缝。⑨角焊缝围焊接头	⑧$\Delta\tau$按焊喉面积计算。⑨$\Delta\tau$按考虑焊缝总长的焊喉面积计算。焊缝端距板边超过10mm，也可参见上述细节④和细节⑤
90 $m=8$			⑩	焊接剪力钉：⑩用于组合梁	⑩$\Delta\tau$按剪力钉的名义截面计算
70			⑪	⑪采用80%全熔透对接焊缝的管座接头	⑪打磨焊趾。$\Delta\sigma$按管的应力幅计算
40			⑫	⑫采用角焊缝的管座接头	⑫$\Delta\sigma$按管的应力幅计算

表 C.0.6 空心构件接头（$t \leq 12.5$mm）

细节类别	构造细节	说　明	要　求
70	①	①管板接头，钢管压平端与钢板对接焊缝（X形坡口）	①$\Delta\sigma$ 按管中应力幅计算；仅当管径小于200mm时有效
70	② $\alpha \leq 45°$	②管板接头，钢管切口端与钢板焊接，切口端部设圆孔	②$\Delta\sigma$ 按管中应力幅计算；焊缝剪切开裂应使用表C.0.5细节⑧进行验算
60	$\alpha > 45°$		
70	③	横向对接焊缝：③圆形管间端对端对接焊缝连接	③和④：焊缝余高不大于焊缝宽度的10%，且平滑过渡；构件放平焊接；如果 $t > 8$mm，细节类别应提高2个等级
55	④	④方形管间端对端对接焊缝连接	
70	⑤ $l \leq 100$mm	附连件焊接：⑤圆形或矩形空心截面管与另一构件采用角焊缝连接	⑤非承载焊缝；平行于应力方向的宽度 $l \leq 100$mm；其他情形见表C.0.4
50	⑥	焊接拼接：⑥圆管通过中间板端对端对接焊接	⑥和⑦：承载焊缝；如果 $t > 8$mm，细节类别应提高1个等级
45	⑦	⑦矩形管通过中间板端对端对接焊接	
40	⑧	⑧圆形管通过中间板端对端角焊缝连接	⑧和⑨：承载焊缝；壁厚 $t \leq 8$mm
35	⑨	⑨矩形管通过中间板端对端角焊缝连接	

表 C.0.7 格构梁节点接头

细节类别		构 造 细 节	要 求
90 $m=5$	$\dfrac{t_0}{t_i} \geq 2.0$	细节①（间隙接头）：圆形管的 K 形和 N 形接头	①和②： 对主管和支管分别评估； t_0/t_i 的中间值按细节类别线性插值得到； 支管壁厚 $t \leq 8$mm 时允许采用角焊缝； t_0、$t_i \leq 8$mm； $35° \leq \theta \leq 50°$； $b_0/t_0 \times t_0/t_i \leq 25$； $d_0/t_0 \times t_0/t_i \leq 25$； $0.4 \leq b_i/b_0 \leq 1.0$； $0.25 \leq d_i/d_0 \leq 1.0$； $b_0 \leq 200$mm； $d_0 \leq 300$mm； $-0.5h_0 \leq e_{i/p} \leq 0.25h_0$； $-0.5d_0 \leq e_{i/p} \leq 0.25d_0$； $e_{o/p} \leq 0.02b_0$ 或 $0.02d_0$。 （$e_{o/p}$ 为面外偏心） ②：$0.5(b_0 - b_i) \leq g \leq 1.1(b_0 - b_i)$，$g \geq 2t_0$
45 $m=5$	$\dfrac{t_0}{t_i} = 1.0$		
70 $m=5$	$\dfrac{t_0}{t_i} \geq 2.0$	细节②（间隙接头）：矩形管的 K 形和 N 形接头	
35 $m=5$	$\dfrac{t_0}{t_i} = 1.0$		
70 $m=5$	$\dfrac{t_0}{t_i} \geq 1.4$	细节③（搭接接头）：圆形或矩形管 K 形接头	③和④：$30\% \leq (q/p) \times 100\% \leq 100\%$； 对主管和支管分别评估； t_0/t_i 的中间值按细节类别线性插值得到； 支管壁厚 $t \leq 8$mm 时允许采用角焊缝； t_0、$t_i \leq 8$mm； $35° \leq \theta \leq 50°$； $b_0/t_0 \times t_0/t_i \leq 25$； $d_0/t_0 \times t_0/t_i \leq 25$； $0.4 \leq b_i/b_0 \leq 1.0$； $0.25 \leq d_i/d_0 \leq 1.0$； $b_0 \leq 200$mm； $d_0 \leq 300$mm； $-0.5h_0 \leq e_{i/p} \leq 0.25h_0$； $-0.5d_0 \leq e_{i/p} \leq 0.25d_0$； $e_{o/p} \leq 0.02b_0$ 或 $0.02d_0$。 （$e_{o/p}$ 为面外偏心） p、q 示意如下：
55 $m=5$	$\dfrac{t_0}{t_i} = 1.0$		
70 $m=5$	$\dfrac{t_0}{t_i} \geq 1.4$	细节④（搭接接头）：圆形或矩形管 N 形接头	
50 $m=5$	$\dfrac{t_0}{t_i} = 1.0$		

表 C.0.8 正交异性桥面板——闭口加劲肋

细节类别	构造细节		说 明	要 求
80	$t \leqslant 12\text{mm}$	①	①纵肋通过横梁，纵肋下方挖孔	①$\Delta\sigma$ 按上焊缝最下端位置计算
70	$t > 12\text{mm}$			
80	$t \leqslant 12\text{mm}$	②	②纵肋通过横梁，纵肋下方不挖孔	②$\Delta\sigma$ 按纵肋底端位置计算
70	$t > 12\text{mm}$			
35	③		③在横梁处中断的纵肋	③$\Delta\sigma$ 按纵肋底端位置计算
70	④		④纵肋接头，带有垫板的全熔透对接焊缝	④$\Delta\sigma$ 按纵肋底端位置计算
110	打磨除去余高	⑤	⑤纵肋全熔透对接焊缝，双面焊缝，无垫板	⑤$\Delta\sigma$ 按纵肋底端位置计算；在对接焊缝内部定位焊
90	余高小于0.1倍缝宽			
80	余高小于0.2倍缝宽			
70	⑥		⑥横梁腹板开孔间最不利截面	⑥$\Delta\sigma$ 应考虑开孔的影响
70	⑦		盖板与梯形或V形加劲肋的连接焊缝：⑦部分熔透焊缝，$a \geqslant t$	⑦根据板内弯曲引起的正应力幅 $\Delta\sigma$ 验算
50	⑧		⑧角焊缝或除细节⑦以外的其他类型部分熔透焊缝	⑧根据板内弯曲引起的正应力幅 $\Delta\sigma$ 验算

$$\Delta\sigma = \frac{\Delta M_w}{W_w}$$

表 C.0.9 正交异性桥面板——开口加劲肋

细节类别	构造细节		说明	要求
80	$t \leq 12\text{mm}$	①	①连续纵肋与横梁的连接	①根据纵肋中的正应力幅 $\Delta\sigma$ 评定
70	$t > 12\text{mm}$			
55	②		②连续纵肋与横梁的连接。 $\Delta\sigma = \dfrac{\Delta M_s}{W_{\text{net},s}}$ $\Delta\tau = \dfrac{\Delta V_s}{A_{w,\text{net},s}}$	②根据等效应力幅 $\Delta\sigma_{\text{eq}}$ 评定。 $\Delta\sigma_{\text{eq}} = \dfrac{1}{2}(\Delta\sigma + \sqrt{\Delta\sigma^2 + 4\Delta\tau^2})$

附录 D 损伤等效系数计算方法

D.0.1 γ_1 为损伤效应系数，根据验算构件影响线（面）的临界长度 l，按图 D.0.1-1 取值。当 $l>80\mathrm{m}$ 时，按 80m 计；当 $l<10\mathrm{m}$ 时，按 10m 计。

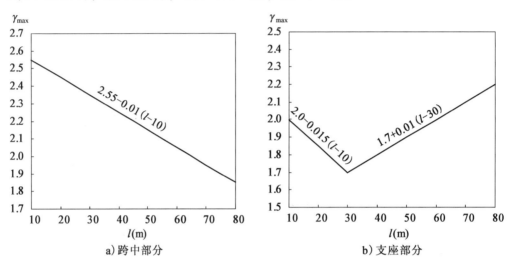

图 D.0.1-1 针对弯矩的 γ_1 取值图

验算截面对应的临界长度 l 应满足下列要求：

1 用于弯矩计算：
1) 对简支梁，取其跨径值；
2) 对连续梁跨中部位截面（图 D.0.1-2），取验算截面所在跨的跨径值；
3) 对连续梁支承部分截面（图 D.0.1-2），取相邻两跨跨径的平均值；
4) 对桥面系横梁，取相邻纵梁跨径之和。

2 用于剪力计算：
1) 对支承部分截面（图 D.0.1-2），取验算截面所在跨的跨径值；
2) 对跨中部分截面（图 D.0.1-2），取验算截面所在跨跨径的 0.4 倍。

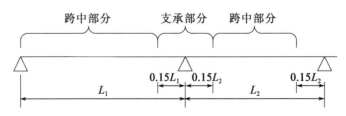

图 D.0.1-2 跨中部分与支承部分的范围划分

3 用于拱桥计算：

1）对吊杆，取 2 倍的吊杆长度；

2）对拱圈，取拱跨跨径的一半。

D.0.2 γ_2 为交通流量系数，由下式计算确定：

$$\gamma_2 = \frac{Q_0}{480}\left(\frac{N_{ly}}{0.5 \times 10^6}\right)^{\frac{1}{5}} \quad (\text{D.0.2-1})$$

式中：Q_0——疲劳荷载模型车总重，对于模型Ⅱ为 445kN，对于模型Ⅲ为 480kN；

N_{ly}——慢车道或主车道的重车（总质量大于 10t）年交通量（预测年），应通过对近似交通状态道路进行交通调查得到，当无可靠数据时可参考下式计算：

$$N_{ly} = \frac{0.95 p N_y}{j} \quad (\text{D.0.2-2})$$

N_y——计算车道所在行车方向上的年总交通量（预测年）；

p——重车在总交通量中所占的比率，当无可靠数据时可参考表 D.0.2 取值；

j——在该行车方向上慢车道与主车道数量和。

表 D.0.2 重车数量占总交通量的比率

	交 通 等 级	重车数量占总交通量的比率 p（%）
1	港口、矿区等以货运为主功能的高速公路或一级公路	80
2	其他高速公路或一级公路	40
3	二级公路	20
4	三、四级公路	10

D.0.3 γ_3 为设计寿命影响系数，由下式计算确定：

$$\gamma_3 = \left(\frac{t_{LD}}{100}\right)^{\frac{1}{5}} \quad (\text{D.0.3})$$

式中：t_{LD}——构件的设计使用寿命（年）。

D.0.4 γ_4 为多车道效应系数，应按下式计算确定，采用疲劳荷载模型Ⅲ时，应取为 1.0：

$$\gamma_4 = \left[1 + \frac{N_2}{N_1}\left(\frac{\eta_2}{\eta_1}\right)^5 + \cdots + \frac{N_j}{N_1}\left(\frac{\eta_j}{\eta_1}\right)^5 + \cdots + \frac{N_k}{N_1}\left(\frac{\eta_k}{\eta_1}\right)^5\right]^{\frac{1}{5}} \quad (\text{D.0.4})$$

式中：k——慢车道与主车道数量和；

N_j——每年在 j 车道行驶的重车车辆数；

η_j——对应于车道 j 中线处，形成应力幅的内力影响线值，取正值。

D.0.5 γ_{max} 根据图 D.0.5 取值。

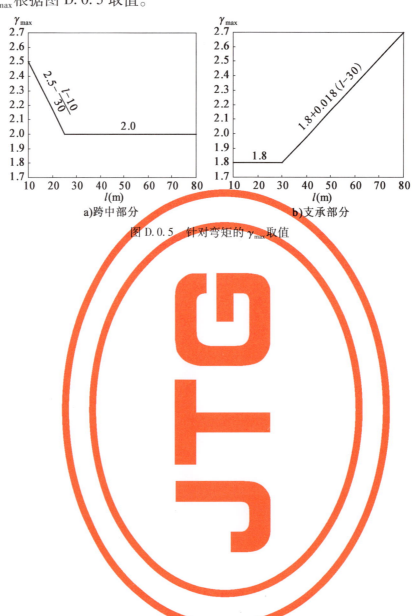

图 D.0.5 针对弯矩的 γ_{max} 取值

附录 E 节点板撕裂强度、剪应力和法向应力验算

E.0.1 对节点板强度的验算，可分为以下三个部分（图 E.0.1）：
 1 在斜杆与节点板连接处，验算节点板的撕裂应力。
 2 验算腹杆与弦杆之间的节点板水平截面的剪应力。
 3 验算节点中心处节点板竖向截面上的法向应力。

图 E.0.1 节点板验算图示

E.0.2 如图 E.0.1a)所示，当斜杆受力沿 1-2-3-4 截面或 5-2-3-6 截面撕裂且撕裂截面与斜杆内力垂直时，采用钢材强度设计值 f_d；当破裂线与斜杆内力的交角小于 90°或平行时，采用 $0.75f_d$。

E.0.3 作用于节点板上的水平剪力，截面 7-7（图 E.0.1）的剪应力按下列公式计算：

$$\gamma_0 \tau = \gamma_0 \frac{3}{2} \frac{Z}{a\delta} \leqslant 0.75 f_d \qquad (\text{E.0.3-1})$$

$$Z = (S_1 + S_2)\cos\theta \qquad (\text{E.0.3-2})$$

式中：a——计算水平截面7-7上节点板长度（应减去栓、钉孔的长度）（mm）；

δ——节点板的厚度（mm）；

Z——相邻两腹杆水平力的代数和；

S_1、S_2、θ——如图 E.0.1b) 所示。

E.0.4 节点板上、下缘的法向应力按下列公式计算：

$$\gamma_0 \sigma_1 = \gamma_0 \left(\frac{N}{A_j} - \frac{Ney_1}{I_j} \right) < f_d \qquad (\text{E.0.4-1})$$

$$\gamma_0 \sigma_2 = \gamma_0 \left(\frac{N}{A_j} + \frac{Ney_2}{I_j} \right) < f_d \qquad (\text{E.0.4-2})$$

$$N = S_1 \cos\theta + \mu_1 \qquad (\text{E.0.4-3})$$

式中：A_j——节点板和拼接板的净截面积（mm²）；

I_j——节点板和拼接板的净截面惯性矩（mm⁴）；

N——作用在竖向截面8-8（图 E.0.1）的力的设计值（N）；

y_1、y_2——截面上、下缘距节点板和拼接板所组成的截面重心轴的距离（mm）。

附录 F 组合梁翼缘有效宽度计算

F.0.1 组合梁各跨跨中及中间支座处的混凝土板有效宽度 b_{eff} 按下式计算，且不应大于混凝土板实际宽度：

$$b_{\text{eff}} = b_0 + \sum b_{\text{ef},i} \qquad (\text{F.0.1-1})$$

$$b_{\text{ef},i} = \frac{L_{\text{e},i}}{6} \leqslant b_i \qquad (\text{F.0.1-2})$$

式中：b_0——钢梁腹板上方最外侧剪力件的中心间距；

$b_{\text{ef},i}$——钢梁腹板一侧的混凝土板有效宽度；其中，b_i 为最外侧剪力件中心至相邻钢梁腹板上方的最外侧剪力件中心距离的一半或最外侧剪力件中心至混凝土板自由边的距离；$L_{\text{e},i}$ 为等效跨径，简支梁应取计算跨径，连续梁应按图 F.0.1a）取。

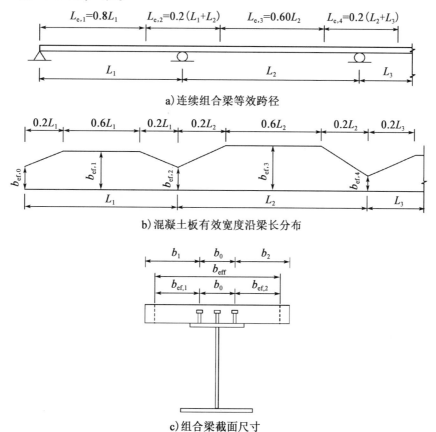

图 F.0.1 组合梁等效跨径及混凝土板有效宽度

F.0.2 简支梁支点和连续梁边支点处的混凝土板有效宽度 b_{eff} 按下式计算：

$$b_{\text{eff}} = b_0 + \Sigma \beta_i b_{\text{ef},i} \tag{F.0.2-1}$$

$$\beta_i = 0.55 + 0.025 \frac{L_{e,i}}{b_i} \leqslant 1.0 \tag{F.0.2-2}$$

式中：$L_{e,i}$——边跨的等效跨径（mm），如图 F.0.1a) 所示。

F.0.3 混凝土板有效宽度 b_{eff} 沿梁长的分布可假设为如图 F.0.1b) 所示的形式。

F.0.4 预应力组合梁在计算预加力引起的混凝土应力时，预加力作为轴向力产生的应力可按实际混凝土板全宽计算；由预加力偏心引起的弯矩产生的应力可按混凝土板有效宽度计算。

F.0.5 对超静定结构进行整体分析时，组合梁混凝土板有效宽度可取实际宽度。

F.0.6 混凝土板承受斜拉索、预应力束或剪力件等集中力作用时，可认为集中力从锚固点开始向两侧按扩散角 2×33°在混凝土板中传递。

本规范用词用语说明

1 本规范执行严格程度的用词，采用下列写法：

1) 表示很严格，非这样做不可的用词，正面词采用"必须"，反面词采用"严禁"；

2) 表示严格，在正常情况下均应这样做的用词，正面词采用"应"，反面词采用"不应"或"不得"；

3) 表示允许稍有选择，在条件许可时首先应这样做的用词，正面词采用"宜"，反面词采用"不宜"；

4) 表示有选择，在一定条件下可以这样做的用词，采用"可"。

2 引用标准的用语采用下列写法：

1) 在标准总则中表述与相关标准的关系时，采用"除应符合本规范的规定外，尚应符合国家和行业现行有关标准的规定"。

2) 在标准条文及其他规定中，当引用的标准为国家标准和行业标准时，表述为"应符合《××××××》(×××)的有关规定"。

3) 当引用本标准中的其他规定时，表述为"应符合本规范第×章的有关规定"、"应符合本规范第×.×节的有关规定"、"应符合本规范第×.×.×条的有关规定"或"应按本规范第×.×.×条的有关规定执行"。

附件

《公路钢结构桥梁设计规范》

(JTG D64—2015)

条 文 说 明

1 总则

1.0.1 本条与《公路工程技术标准》（JTG B01—2014）一致，符合国家和行业对公路钢结构桥梁的要求和未来的发展趋势。

1.0.2 本规范适用于主体工程采用钢材的钢结构桥梁，如钢板梁桥、钢箱梁桥、钢桁梁桥等，也适用于采用钢材的桥梁结构或构件，如斜拉索、钢塔、钢桥墩等。

1.0.3 本规范采用以概率理论为基础的极限状态设计方法，按分项系数的设计表达式进行钢结构桥梁设计，与公路工程钢筋混凝土桥涵、圬工桥涵和地基基础等结构设计保持一致。

1.0.4 公路钢结构桥梁设计需满足公路工程结构应具有的安全性、耐久性和适用性的功能要求。在《公路工程技术标准》（JTG B01—2014）和《公路桥涵设计通用规范》（JTG D60—2015）中给出了公路桥涵主体结构的设计使用年限，是按照公路等级和桥涵规模来考虑的。本条规定二、三、四级公路的中桥设计使用年限应为100年，高速公路和一、二级公路上的小桥设计使用年限宜为100年，比上述标准规范中的规定有所提高，是考虑到钢材的材料性能比较优异，在正常设计、正常施工和正常使用并做好防腐等耐久性措施的前提下，可以达到要求的年限，并不增加过多的经济成本，这一要求也得到了行业内专家的认可。

1.0.5 《公路桥涵设计通用规范》（JTG D60—2015）规定了桥梁结构设计的两类极限状态：

（1）承载能力极限状态：对应于桥涵结构或其构件达到最大承载能力或出现不适于继续承载的变形或变位的状态，包括构件和连接的强度破坏、疲劳破坏、结构或构件丧失稳定及结构倾覆等。

（2）正常使用极限状态：对应于桥涵结构或其构件达到正常使用或耐久性能的某项限值的状态，包括影响结构、构件正常使用的开裂、变形及影响结构耐久性的局部损坏等。

并规定了4种设计状况以及对应应开展的极限状态设计：

（1）持久状况所对应的是桥梁的使用阶段。这个阶段持续的时间很长，要对结构的所有预定功能进行设计，即要进行承载能力极限状态和正常使用极限状态的计算。

（2）短暂状况所对应的是桥梁的施工阶段和维修阶段。这个阶段的持续时间相对于使用阶段是短暂的，结构体系、结构所承受的荷载等与使用阶段也不同，设计要根据具体情况而定。在这个阶段，要进行承载能力极限状态计算，可根据需要作正常使用极限状态计算。

（3）偶然状况所对应的是桥梁可能遇到的撞击等状况。这种状况出现的概率极小，且持续的时间极短。偶然状况一般只进行承载能力极限状态计算。

（4）地震状况对应的是桥梁可能遭遇地震的状况，一般只进行承载能力几项状态计算。

1.0.6 结构应经济合理，要结合我国的制造工艺和装备，考虑结构形式及结构细节便于制造；要结合拟定的架梁方案、起吊设备的最大吊重和最大吊距以及运输条件，考虑构件长度及重量，便于架设和运输；结构细节，特别是重要受力接头部位，要便于检查人员和检测设备进入，便于日常检查和维护。

2 术语和符号

本章仅将本规范出现的、人们比较生疏的术语列出。

本章符号按有关材料性能、作用效应和抗力、几何参数、计算系数及其他几部分列出。这些符号的主体符号按现行国家标准的规定采用；当现行国家标准无统一规定时，则按习惯采用。本规范应用的符号没有被全部列出，本章只列出一些主要的符号。

3 材料及设计指标

3.1 材料

3.1.2 构件主体结构所用钢材牌号均来自现行国家标准，它们的化学成分和力学性能应符合标准的规定。其中 Q235 中的沸腾钢脱氧不充分，含氧量较高，内部组织不够致密，硫、磷的偏析大，冲击韧性较低，冷脆性和时效倾向亦大，在低温时和动力荷载作用下容易发生脆断，因而对其使用范围加以限制。

3.1.3 钢桥在选材时应注重钢材的冲击韧性指标。冲击韧性是钢材抗脆断能力的主要指标，反映钢材抵抗低温、应力集中、多向拉应力、荷载冲击和重复疲劳等因素导致脆断的能力。冲击韧性试验温度的区间，分别摘自《碳素结构钢》（GB/T 700—2006）和《低合金高强度结构钢》（GB/T 1591—2008）。

3.1.4 采用 Z 向钢由于钢材质量和焊接等原因，容易出现层状撕裂，对沿板厚方向承受拉力的接头不利。其材质应符合现行《厚度方向性能钢板》（GB/T 5313）的性能要求。

3.1.12 对需要验算疲劳的结构构件，为减少焊缝金属中的含氮量防止冷裂纹，并使焊缝金属脱硫减小形成的热裂纹的倾向，以综合提高焊缝质量，宜采用低氢型碱性焊条。

3.2 设计指标

3.2.1 抗拉、抗压和抗弯强度设计值 f_d 以钢材的屈服强度为基础除以材料抗力分项系数 γ_R 并取 5 的整倍数而得。材料的抗力分项系数取 $\gamma_R = 1.25$。

钢材的抗剪强度设计值以 f_d 为基础，$f_{vd} = f_d/\sqrt{3} = 0.577 f_d$。钢材的端面承压（刨平顶紧）设计值以抗拉强度最小值 f_u 为基础，$f_{cd} = f_u/1.322$。

3.2.2 钢铸件在公路桥梁中一般用作支承部件，有些部件如支座需要承受较大的冲击力，选材时避免采用强度较低、塑性较差、冲击韧性较低的铸钢。因此，本条引用的现行国家标准中摒弃了ZG200-400和ZG340-600两个牌号，保留了ZG230-450、ZG270-500及ZG310-570三个牌号。

本条所列铸钢和锻钢的强度设计值有以下几点需作说明：

(1) 铸钢的抗拉、抗压和抗弯的强度设计值也是以铸钢的屈服强度f_y为基础，$f_d = f_y/\gamma_R$，γ_R为材料抗力分项系数，取$\gamma_R = 1.36$。表3.2.2中的35号钢和45号钢因为经过锻制或轧制，其抗拉、抗压和抗弯强度设计值f_d仍取$\gamma_R = 1.25$。铸件抗剪强度设计值以f_d为基础，$f_{vd} = f_d/\sqrt{3} = 0.577 f_d$。

(2) 表3.2.2中铰轴紧密接触时径向抗压强度设计值，是假设铰轴仅在圆周1/4范围内密合，此时压应力假定按余弦曲线变化推导得出，表中f_{rd1}的数值当承压面积采用轴径截面（通过轴直径的截面）时为$f_{rd1} = 0.47 f_d \approx 0.5 f_d$。

(3) 辊轴或摇轴自由接触是指辊轴或摇轴与平板接触，其压应力是以线接触的局部承压应力，计算时也用辊径截面上的平均应力来表示。

(4) 表3.2.2中的销孔承压强度设计值采用$f_{sd} = 0.76 f_d$。

3.2.3 本条表3.2.3给出了焊缝的强度设计值，现就对接焊缝和角焊缝加以说明。

(1) 对接焊缝分别对抗压、抗拉和抗剪强度设计值作出规定。这里未提抗弯强度，这是因为抗弯中的受压部分属于"抗压"，受拉部分按"抗拉"强度设计值采用。抗压强度设计值f_{cd}^w取用母材抗压强度设计值，即$f_{cd}^w = f_d$。现行《钢结构工程施工质量验收规范》（GB 50205）把对接焊缝抗拉的质量等级分为一级、二级和三级，符合一级和二级质量要求的设计值f_{td}^w仍取f_d，即$f_{td}^w = f_{cd}^w$；质量等级为三级时，其设计值取f_d的0.85倍，即$f_{td}^w = 0.85 f_{cd}^w$。对接焊缝的抗剪强度设计值与母材的取值原则相同，即$f_{vd}^w = f_{cd}^w/\sqrt{3} = 0.577 f_{cd}^w$。

(2) 角焊缝的抗拉、抗压和抗剪强度设计值f_{fd}^w，由焊缝熔敷金属抗拉强度f_u^w除以抗力分项系数γ_R求得。按照《非合金钢及细晶粒钢焊条》（GB/T 5117—2012）和《热强钢焊条》（GB/T 5118—2012）的规定，本条采用E43型焊条、E50型焊条、E55型焊条的熔敷金属最小抗拉强度分别为$f_u^w = 430$MPa、490MPa、550MPa。本规范取用的抗力分项系数γ_R，相应于E43型焊条（适用于碳素钢）$\gamma_R = 3.0$，相应于E50型和E55型焊条（适用于低合金钢）$\gamma_R = 2.75$。这些系数是参考《钢结构设计规范》（GB 50017—2003）的取值并考虑不同可靠度水平经换算取得的。

此外，本条表3.2.3将E43型焊条用于Q235钢，E43型焊条的熔敷金属抗拉强度为430MPa，而Q235钢的最小抗拉强度为375MPa，前者略大于后者，说明规范选用焊条是适合的；E50型焊条用于Q345钢，该焊条熔敷金属的抗拉强度为490MPa，而Q345钢的抗拉强度为470MPa，前者略大于后者，两者也很匹配；Q390钢的最小抗拉强度为490MPa，本可用E50型焊条，但考虑两者正好相等，为安全计规范选取E55型焊条，它也适用于Q420钢，该钢号的最小抗拉强度520MPa，小于E55型焊条的熔敷金属抗拉强度550MPa。

3.2.4 本条给出了普通螺栓连接的抗拉、抗剪和承压强度设计值。螺栓连接的受拉和受剪由螺栓自身承担，其强度设计值应按螺栓的公称抗拉强度 f_u^b 除以相应的抗力分项系数 γ_R 确定；螺栓承压由孔壁承受，其强度设计值按孔壁钢材的最小抗拉强度 f_u 除以相应抗拉分项系数 γ_R 确定。例如，C 级螺栓的 4.6 级和 4.8 级的 f_u =400MPa，其受拉抗力系数 γ_R =2.7，其抗拉强度设计值 f_{td}^b =400/2.7=148MPa，取 145MPa；受剪抗力系数 γ_R =3.27，其抗剪强度设计值 f_{vd}^b =400/3.27=120MPa，取 120MPa。又例如，C 级螺栓承压时，孔壁钢材采用 Q235 钢，其最小抗拉强度 f_u =375MPa，γ_R =1.4，承压强度设计值 f_{cd}^b =375/1.4=267MPa，取用 265MPa。上述抗力分项系数也是参考有关规范并换算得出的。

3.2.5 按照《钢结构用高强度大六角头螺栓、大六角螺母、垫圈技术条件》（GB/T 1231—2006）规定，大六角头高强度螺栓的规格为 M12~M30，其性能等级分为 8.8 级和 10.9 级。《公路桥涵钢结构及木结构设计规范》（简称"原规范"）（JTJ 025—86）所用的高强度螺栓的预拉力较高，与 10.9 级相近。《钢结构用高强度大六角头螺栓、大六角螺母、垫圈技术条件》（GB/T 1231—2006）推荐 10.9 级高强度螺栓采用钢号 20MnTiB 钢或 35VB 钢制作，《钢结构用扭剪型高强度螺栓连接副》（GB/T 3632—2008）只列有 10.9 级高强度螺栓，推荐采用钢号 20MnTiB 钢。

表 3.2.5 数值与《钢结构设计规范》（GB 50017—2003）一致。

3.2.6 表 3.2.6 中铆钉连接的抗拉（钉头拉脱）强度设计值 f_{td}^r 和抗剪强度设计值 f_{vd}^r，是根据《标准件用碳素热轧圆钢》（GB 715—89）牌号 BL2 的最小抗拉强度 f_u^r =335MPa 算得的。该标准还有牌号 BL3，其 f_u^r =370MPa，虽然后者比前者高，但塑性较差，BL3 铆钉的强度设计值仍取与 BL2 铆钉相同。铆钉的抗力分项系数经参考有关规范并换算后分别取：抗拉 γ_R =3.126；抗剪Ⅰ类孔 γ_R =2.045；抗剪Ⅱ类孔 γ_R =2.446，经 f_u^r/γ_R 计算后均取 5 的整倍数。

铆钉连接在确定承压强度时，一般认为只与构件钢材强度有关，但为了避免钉杆先于孔壁破坏，构件钢材强度不能用得过高。表 3.2.6 只列有 Q235 钢、Q345 钢和 Q390 钢，Q420 钢没有列入。铆钉连接承压抗力分项系数，Ⅰ类孔采用：构件为 Q235 钢时，γ_R =0.96；构件为 Q345 钢和 Q390 钢时，γ_R =0.95；Ⅱ类孔采用：构件为 Q235 钢时，γ_R =1.17；构件为 Q345 钢和 Q390 钢时，γ_R =1.15。

3.2.8 斜拉桥和悬索桥的缆索系统采用的钢丝、钢绞线无明显的屈服点，其安全系数是根据线材的抗拉强度 σ_b 取用的。按照《公路斜拉桥设计细则》（JTG/T D65-01—2007）的规定，无论是钢丝或钢绞线，用作拉索时其安全系数取为 2.5，比钢结构普通钢材的安全系数取得高，经换算 γ_R =1.85。当钢丝、钢绞线用作吊索时，由于吊索的安全系数比拉索更高，因而按拉索安全系数换算得到的强度设计值还要折减。

4 结构分析

4.1 结构分析模型

4.1.2 环境对桥梁结构的影响不能忽视，例如海洋大气环境、峡谷风环境、侵蚀介质环境、地质断层环境、温度环境等，都对结构的安全和耐久产生较为显著的作用。

4.2 结构强度、稳定与变形计算

4.2.1 式（4.2.1）中，S_d 包括了计算中各种有关作用效应和荷载效应的分项系数，R_d 中也包括了材料系数（或抗力系数）。

4.2.2 近年来，各地相继发生了简支、连续梁桥整体横桥向倾覆失稳直至垮塌的事故案例。事故桥梁的破坏过程表现为，单向受压支座脱离正常受压状态，上部结构的支承体系不再提供有效约束，上部结构变形或受力失稳，以致垮塌，支座、下部结构连带损坏，如图 4-1 所示。按照现行《工程结构可靠性设计统一标准》（GB 50153）的规定，这类破坏属于承载能力极限状态范畴。

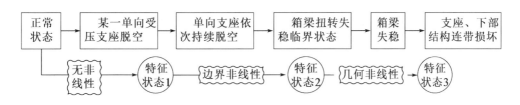

图 4-1 典型破坏过程

分析特征状态 3 需要考虑箱梁扭转、支座刚度等多种非线性因素，机理复杂，本规范不将特征状态 3 作为验算工况，通过严格控制特征状态 2，避免结构体系达到特征状态 3；另外，国内外相关规范基本采用特征状态 1 和特征状态 2 作为抗倾覆验算工况。综上所述，本规范规定了如下两项抗倾覆验算要求：

1 针对特征状态 1，在作用基本组合下，单向受压支座处于受压状态。

2 同一桥墩的一对双支座构成一个抗扭支承，起到对扭矩和扭转变形的双重约束；当双支座中一个支座竖向力变为零、失效后，另一个有效支座仅起到对扭矩的约束，失去对扭转变形的约束；当梁的抗扭支承全部失效时，梁处于受力平衡或扭转变形失效的极限状态，即达到特征状态2。对特征状态2，参考挡土墙、刚性基础的横向倾覆验算，采用"稳定作用效应≥稳定性系数×失稳作用效应"的表达式。

5 构件设计

5.1 一般规定

5.1.3 为了防止钢结构在制作、运输、安装过程中出现不利的面外变形,以及钢结构的腐蚀和重复涂装作业等对钢板厚度的不利影响,规定钢板厚度不宜过薄。

5.1.5~5.1.6 对于设置加劲肋的受压加劲板,失稳模态与加劲板的相对宽厚比和长宽比、加劲肋构造、形式、间距、刚度等许多因素有关。根据加劲肋的尺寸与刚度不同,受压加劲板的失稳模态可以分为以下几类:

①母板连同纵、横加劲肋发生整体失稳:纵、横加劲肋的相对刚度比均较小时,加劲肋会随着母板一起发生平面外的屈曲。

②母板连同纵向加劲肋在横向加劲构件间发生整体失稳:纵向加劲肋的相对刚度比较小而横向加劲构件的相对刚度较大时,纵向加劲肋会随着母板一起发生以横向加劲构件为波节的屈曲。

③加劲肋之间的母板发生局部失稳:当纵、横向加劲肋的相对刚度比较大时,加劲肋之间的母板发生以纵、横加劲肋为波节的屈曲。

④纵向加劲肋的失稳:纵向加劲肋有两种常见失稳模态,即加劲肋腹板的局部失稳、加劲肋的整体弯扭失稳。当加劲肋的翼缘和母板均较厚实、加劲肋腹板较薄柔时,加劲肋的腹板发生局部失稳;当纵向加劲肋的侧弯刚度和扭转刚度很小时,加劲肋发生弯扭屈曲;其波节出现在加劲肋与母板的连接处。

⑤横向加劲肋的失稳:横向加劲肋的失稳模态与纵向加劲肋失稳较为类似。当加劲肋的翼缘和母板均较厚实、加劲肋腹板较薄柔时,加劲肋的腹板会发生局部失稳;当加劲肋的侧弯刚度和扭转刚度很小时,发生弯扭屈曲,其波节出现在加劲肋的连接处。

(1)纵横向加劲肋几何尺寸满足第5.1.5条的要求时和加劲肋的刚度满足刚性加劲肋的规定[第5.1.6条式(5.1.6-1)~式(5.1.6-5)]时,可以近似认为加劲板件弹性失稳时加劲肋处不发生变形,加劲肋可以简化为简支边计算加劲板的弹性屈曲。纵横向加劲肋的刚度不满足刚性加劲肋的规定时,在压力作用下加劲肋与翼缘板共同失稳,会降低抗压承载力。对于构造控制设计的情况,往往压应力很小,为减少钢材用量可以适当放宽对加劲肋刚度的要求,但应按正交异性板理论或其他更精确的方法计算加劲板的弹性稳定和局部失稳对加劲板承载力的影响。受拉翼缘加劲肋的作用,主要是为了防止结构在加工制作和运输安装过程中可能出现过大局部变形和损伤,加劲肋的刚度可以不必满足刚性加劲肋的规定，为减少钢材用量可以放宽对加劲肋刚度的要求。

（2）本条规定基于加劲板弹性稳定理论的分析结果，未考虑其他不利因素影响的安全系数，仅用于判别加劲肋是否属于刚性加劲肋或柔性加劲肋。其他不利因素对加劲板承载力的影响计入第5.1.7条的局部稳定折减系数中。

5.1.7 加劲肋根据刚度可分为刚性加劲肋和柔性加劲肋两种形式。对于构件的有效截面，应该根据加劲肋的刚度采用相应的方法计算加劲板的有效宽度和面积。对于刚性加劲肋的截面，可在刚性加劲肋或腹板处将加劲板分割为若干板段，分别计算其有效宽度和面积，截面的有效宽度和面积分别为各板段有效宽度和面积之和。对于柔性加劲肋的截面，可在腹板处将加劲板分割为若干板段，按正交异性板理论或其他更精确的方法分别计算弹性稳定系数、局部稳定折减系数、有效宽度和面积，截面的有效宽度和面积分别为各板段有效宽度和面积之和。

5.1.8 为了简化计算，一般假设截面符合平面变形假定，但是由于剪力滞的影响，截面实际应力分布不均匀，构件计算应考虑剪力滞的影响。

计算考虑剪力滞影响的截面有效宽度和面积时，可在腹板处将翼板分割为若干板段分别计算，截面有效宽度和面积分别为各板段有效宽度和面积之和。

5.2 轴心受力构件

5.2.2 轴心受压构件的强度计算考虑局部稳定的影响，验算最不利截面的强度。

轴心受压构件的稳定计算应考虑板件局部失稳与整体失稳的相关影响，本规定近似采用有效截面和整体稳定系数的方法分别计算局部稳定和整体稳定对构件承载力的影响。

当毛截面与有效截面的形心不同时，应考虑有效截面偏心对构件强度和稳定承载力的影响。

当轴力和截面沿构件长度方向有变化时，应考虑其对杆件稳定的影响。

5.3 受弯构件

5.3.2 受弯构件的失稳模态为弯扭失稳，箱形截面等横向抗弯刚度和抗扭刚度很大的结构形式一般不会出现失稳破坏，满足本条第1款要求时，可不计算梁的整体稳定性。

5.3.3 本条规定假设中性轴位于腹板中心附近，当腹板受压区高度相对于腹板高度很大时，应采用其他更精确的方法计算，并且需要考虑弯曲压应力、剪应力、弯曲变形产生的翼板竖向分力引起的竖向压应力等的综合影响。

5.3.4 支座处承受集中荷载作用，支座反力通过腹板和支承加劲肋逐渐扩散，在支座和底板处，腹板和支承加劲肋的应力很大，直接承受支座传来的局部荷载，该断面需要按式（5.3.4-1）验算局部承压强度。同时，腹板和支承加劲肋在竖向集中荷载作用下，有可能出现失稳现象，考虑到支承加劲肋刚度较大、长度较短，将腹板和支承加劲肋简化为受压短柱计算。

5.4 拉弯、压弯构件

5.4.1 拉弯、压弯构件的弯曲应力较大时，剪力滞效应的影响较大，有效截面应该考虑剪力滞的影响。

5.5 抗疲劳设计

5.5.1 对大多数公路桥梁结构，汽车荷载是导致疲劳破坏的主要因素，故在本规范中对车辆荷载作用下的疲劳验算进行规定。

5.5.2 疲劳荷载计算模型Ⅰ对应于无限寿命设计方法，这种方法考虑的是构件永不出现疲劳破坏的情况。

疲劳荷载计算模型Ⅱ是根据交通运输部2007年下达的年度公路工程标准制修订项目《公路桥梁疲劳设计荷载标准》的研究结论给出的。

疲劳荷载计算模型Ⅲ是在欧洲规范疲劳荷载模型3的基础上修改车轮着地面积得到的。

疲劳荷载计算模型Ⅱ以及疲劳荷载计算模型Ⅲ加载仅按单车道加载，但第5.5.5条和第5.5.6条已在损伤等效系数中考虑了多车道效应。

5.5.3 在疲劳荷载计算模型Ⅰ~Ⅲ中已考虑了行驶在良好状态路面上时形成的动力效应。但当车辆行驶接近伸缩缝时，应额外增加一个放大系数。

5.5.7 正交异性板各疲劳细节对车载不敏感，而仅对轮载敏感，且由于正交异性板各疲劳细节的有效影响面范围狭小，变化幅度大，因此疲劳细节还对轮载的横向位置十分敏感。

采用疲劳荷载计算模型Ⅲ进行加载的具体步骤说明如下：

（1）首先建立正交异性板的局部有限元模型，计算各疲劳细节的影响面；

（2）找出疲劳影响线上应力数值最大的点，该点所对应的影响线为加载区域1，加载区域1向两侧横向偏移0.1m对应的影响线分别为加载区域2和3，加载区域1向两侧横向偏移0.2m对应的影响线分别为加载区域4和5；

（3）将荷载模型Ⅲ的轮载分别加载于加载区域1~加载区域5，并分别算出对应的

$\sigma_{pmax,i}$ 和 $\sigma_{pmin,i}$。其中 i 为区域编号。按轮载落入各区域的概率算得 $\Delta\sigma_{E2}$。

$$\Delta\sigma_{E2} = (1+\Delta\varphi)\gamma^3 \sqrt{0.5w_1^3 + 0.18w_2^3 + 0.18w_3^3 + 0.07w_4^3 + 0.07w_5^3}$$

$$w_i = \sigma_{pmax,i} - \sigma_{pmin,i} \quad (i = 1,2,3,4,5)$$

5.5.8 正应力幅疲劳强度曲线（如图5.5.8-1）的方程为：

$$\Delta\sigma_R^m N_R = \Delta\sigma_C^m \times 2 \times 10^6 \quad (N_R \leqslant 5 \times 10^6, m = 3)$$

$$\Delta\sigma_R^m N_R = \Delta\sigma_D^m \times 2 \times 10^6 \quad (5 \times 10^6 < N_R \leqslant 10^8, m = 5)$$

$$\Delta\sigma_R = \Delta\sigma_L = \left(\frac{5}{100}\right)^{0.2} \Delta\sigma_D = 0.549\Delta\sigma_D \quad (N_R > 10^8)$$

其中， $\Delta\sigma_D = \left(\frac{2}{5}\right)^{0.2} \Delta\sigma_C = 0.737\Delta\sigma_C$

剪应力幅疲劳强度曲线（图5.5.8-2）的方程为：

$$\Delta\tau_R^m N_R = \Delta\tau_C^m \times 2 \times 10^6 \quad (N_R \leqslant 10^8, m = 5)$$

$$\Delta\tau_R = \Delta\tau_L = \left(\frac{2}{100}\right)^{0.2} \Delta\tau_C = 0.457\Delta\tau_C \quad (N_R > 10^8)$$

欧洲规范是按双对数坐标上等间距的规则布置疲劳细节数值的。欧洲规范在编制时，搜集了大量钢结构疲劳试验的数据，并根据这些数据落于疲劳曲线上的位置确定对应构造物分类（或连接）的细节类别。

本规范编写过程中借鉴了欧洲规范中的曲线，但是为方便记忆，将各个细节类别的数值向下调整到5的整倍数。

与以往规范不同，本规范给出的正应力幅疲劳强度曲线由双对数坐标系下的三段直线构成。这是基于以下方面考虑的：

实际结构在荷载作用下算得的应力历程是复杂的，是由一个应力谱表达的。如果这个应力谱中的所有应力幅均低于细节类别的单幅疲劳极限，则该应力谱不会对结构带来疲劳损伤，符合以往规范中的规定。但如果应力谱中有少部分的应力幅超过了细节类别的常幅疲劳极限，则使整个应力谱的等效应力幅低于细节类别的常幅疲劳极限，该构件仍出现疲劳损伤。为了考虑这种情况，在常幅疲劳极限下方增加了一段斜线。

5.5.9 焊缝处由于残余应力很高，应力比对焊缝疲劳的影响不大。但对于栓接、铆接连接以及消除残余应力的焊接接头，应力比对疲劳寿命有明显影响，应考虑修正。这种影响在构件承受拉压循环应力时较为明显，为简化计算，统一按0.6倍压应力折减应力幅。

6 连接的构造和计算

6.1 一般规定

6.1.1 根据近二十年来我国公路钢桥建设的经验，钢桥板件、部件或梁段之间的连接基本上是焊接和栓接这两种方式。

高强度螺栓连接方式分为承压型和摩擦型。承压型连接的高强度螺栓不适用于直接承受疲劳荷载的结构连接，而且由于在荷载作用下将产生滑移，也不宜用于承受反向内力的连接。本规范不建议采用承压型高强度螺栓。

新建公路钢桥较少采用铆钉连接，但在旧桥维修加固中或有特殊需要时，仍有可能采用铆钉连接。

6.1.3 车行道分隔线两侧 300～500mm 范围是车轮碾压最集中的部位，若纵隔板、桥面板块焊缝位于该区域，焊缝容易产生疲劳裂纹。

6.1.4 本条规定是为了保证紧固件和焊缝能处于弹性工作状态，内力在紧固件或焊缝上的分布按一般的结构力学方法处理。

6.2 焊接连接

6.2.3 焊缝施焊后，由于冷却将引起收缩应力。施焊的焊缝愈大，其收缩应力也愈大，所以规范规定在设计中不得任意加大焊缝和避免焊缝交叉重叠。

焊缝布置不对称将引起焊接处受力偏心，故尽量避免。这里所说的"对称"就是要求焊缝的重心与构件的重心相重合。举例说明如下：

图 6-1 表示一个不对称构件的侧焊缝，x-x 为角钢的重心轴，如果两边焊缝高度是一样的，则可以得到：

$$\frac{l_a}{l_b} = \frac{b}{a} \tag{6-1}$$

而焊缝的总长度应该为：

$$l = \frac{N}{0.7h_f [f_t^w]} = l_a + l_b \tag{6-2}$$

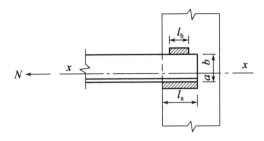

图 6-1 侧焊缝计算图

根据式（6-1）、式（6-2）的关系，可以求得：

$$l_a = \frac{b}{a+b}l \tag{6-3}$$

$$l_b = \frac{a}{a+b}l \tag{6-4}$$

如果 l_a 和 l_b 求得的长度相差很大，结构的处理是不方便的，可以增加较长边的焊缝高度（焊脚尺寸）来减小其长度。由于焊缝的长度与其高度成反比，如果将原来的焊缝高度 h_f 改变为新的设计高度 h'_f，那么改变焊缝高度后所需要的计算长度 l'_a 为：

$$l'_a = \frac{l_a h_f}{h'_f} \tag{6-5}$$

这样设计出来的焊缝，其重心与构件重心是重合的。

6.2.5 各种焊接位置中，仰焊是最难施焊的，质量稳定性差，要求焊工素质高，受人为因素影响大，因此，选择组焊顺序时，应避免仰焊作业。

6.2.6 本条规定的目的是提醒设计人员注意，在结构空间狭小、加劲肋多的情况下，不同的焊接方法对操作空间最小尺寸有不同的要求；不同的焊接坡口、板厚、探伤方法对探伤空间最小尺寸有不同的要求。

6.2.7 焊接工艺评定，应根据母材的焊接性、确定的焊接材料、焊接坡口、焊接设备、焊接工艺参数等进行一定的焊接试验。

6.2.9 角焊缝在满足受力计算的前提下，应尽可能用较小的尺寸。但在实际计算中，有时算得的焊缝厚度过小，焊缝厚度不能保证焊缝熔深要求，因此，规范规定了角焊缝的最小厚度。原规范根据焊件最大厚度分级来规定角焊缝的最小厚度，例如焊件最大厚度为 12~16mm，规定角焊缝的最小厚度为 8mm；焊件最大厚度 17~25mm，角焊缝的最小厚度为 10mm 等等。本规范按照《钢结构设计规范》（GB 50017—2003），规定 $h_f \geqslant 1.5\sqrt{t}$（计算时，凡小数点以后数字都进为 1mm）。此式简单，便于记忆，与原规范比较，焊缝厚度限值略小。例如，上述最小厚度 8mm，可放到 6mm；最小厚度 10mm，可放到 7~8mm，这对角焊缝的设置也是有利的。

角焊缝的厚度不宜过大，过大的焊缝易使母材形成"过烧"现象，使构件产生翘曲、变形，招致较大的焊接应力，因此规定角焊缝的厚度不得大于较薄焊件厚度的1.2倍。

6.2.10 原规范仅局限于两焊脚成90°的角焊缝的有关规定，这是一般的情况，但在实际工程中也会遇到不是直角的焊接，故本规范增加了夹角为非直角的斜角焊缝的规定。

两焊脚边夹角 $\theta>120°$ 的斜角焊缝，其表面成型较难，受力状况不好；而夹角 $\theta<60°$ 的斜角焊缝，施焊条件差，根部不但无熔深，而且还可能留有空隙和焊渣，因此规定在上述范围内的斜角焊缝不宜用作受力焊缝，而只能用作构造焊缝。

6.2.11 当两焊接件厚度不等，尤其厚度相差悬殊时，如用等焊脚边，有可能发生无法满足最大、最小焊缝厚度规定的情况。例如，焊脚边尺寸符合较厚焊件厚度的最小尺寸的规定（即 $h_f \geq 1.5\sqrt{t}$），有可能不符合较薄焊件厚度的最大尺寸的规定（即 $h_f \leq 1.2t_2$，t_2 为较薄焊件的厚度）。本条关于允许采用不等焊脚尺寸的规定，就是为了解决上述可能出现的矛盾，即与较厚焊件接触的角焊缝最小焊脚尺寸应满足 $h_f \geq 1.5\sqrt{t}$ 的要求，而与较薄焊件接触的角焊缝最大焊脚尺寸应满足 $h_f \leq 1.2t_2$ 的要求（图6-2）。

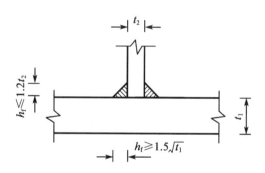

图6-2 不等焊脚尺寸示意图

在承受动荷载的结构中，为了减小应力集中，提高构件的抗疲劳强度，焊缝形式以凹形为最好。但手工焊接焊成凹形极为费工，即使堆焊成凹形，也不易与主体金属熔合，所以采用手工焊时，焊缝做成直线形较为合适。当用自动焊接时，由于电流较大，金属熔化速度快、熔深大，焊缝金属冷却后收缩，自然形成凹形表面，所以规定承受动荷载的结构，角焊缝表面做成凹形或直线形均可。

6.2.12 断续角焊缝的端部是起落弧的地方，容易出现气孔等缺陷，产生或加剧了应力集中，致使连接质量更为降低，且焊缝间空隙处易受潮气侵蚀而生锈，因此，在主要受力构件中不得采用断续焊缝。

6.2.13 若在次要构件或次要连接中使用，断续角焊缝间的距离也不宜过大。本条第1款规定是为防止受压构件产生翘曲现象。

6.2.14 杆件与节点板的连接焊缝，过去一般采用两侧焊缝，而不采用围焊。国外普遍采用围焊。围焊分端焊缝和侧焊缝，端焊缝的刚度大，弹性模量 $E \approx 1.5 \times 10^5 \mathrm{MPa}$；侧焊缝刚度小，$E \approx (0.7 \sim 1.0) \times 10^5 \mathrm{MPa}$。在弹性工作阶段，端焊缝实际负荷要高于侧焊缝。国内试验表明，尽管端焊缝与侧焊缝弹性模量不同，在静荷载作用下，进入塑性阶段时，应力逐渐趋于平均。在焊缝等量的情况下，围焊的破坏强度与仅有侧焊缝没有什么差别。国内外的试验同时还表明，围焊比仅有侧焊缝的疲劳强度为高。因此，对于承受动荷载的结构，节点连接宜采用围焊。对于承受静荷载的结构，围焊与两面侧焊的强度基本相同，但侧焊缝的塑性较好，宜采用两面侧焊。也可采三面围焊，以减小节点板尺寸。

因为端焊缝与侧焊缝的设计应力相同，围焊的计算是简单的。为使焊缝的重心与构件的重心相重合，作如下计算（图6-3）。

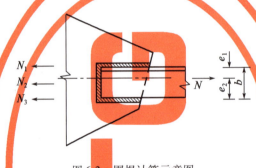

图6-3 围焊计算示意图

角钢肢背焊缝所承担的内力为：

$$N_1 = \frac{Ne_2}{b} - \frac{N_2}{2} \tag{6-6}$$

角钢肢尖焊缝所承担的内力为：

$$N_3 = \frac{Ne_1}{b} - \frac{N_2}{2} \tag{6-7}$$

式中：e_1、e_2——构件重心线至角钢肢背、肢尖的距离；

　　　b——构件的宽度；

　　　N——总内力；

　　　N_2——端焊缝所能承担的内力。

围焊的转角处是连接的重要部位，如在此处熄火或起弧都容易造成焊缝缺陷，加剧应力集中，因此规定必须在转角处连续施焊。

国外和我国造船工业广泛应用绕角焊，这种做法能避免起落弧的缺陷发生在应力集中的转角处，可改善连接处的受力状况。本条规定是取自国内外造船工业部门的经验。

6.2.18 在主要受力构件和应力复杂部位的T形连接中，一般腹板采用K形坡口，并要求焊透。如果腹板边缘不经加工，施工时又没采取力求焊透的措施，连接处必然存在着较大的间隙，成为产生裂缝的隐患。至于焊缝的截面尺寸，过去往往采用焊角尺寸横竖相等［图6-4a)］，这样有时达不到焊透腹板全厚的要求。建议采用如图6-4b) 所示的形式，仅规定腹板两侧的焊角尺寸各为腹板厚度的1/2，此时焊缝计算的有效厚度采用腹板的厚度。

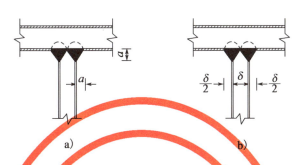

图6-4　T形连接K形坡口焊缝示意图

6.2.19　本条是关于焊缝计算长度的规定，分以下几点加以说明：

1　采用自动焊接时，一般在焊缝两端设有引板，用以临时加长焊槽的长度，把容易出现缺陷的焊缝端部引出焊缝实际长度之外，所以焊缝计算长度采用实际长度。用手工焊接时，一般不设置引板，焊缝两端起落弧的地方容易出现气孔和焊不透等缺陷，因此计算焊缝长度按实际长度减去 $2h_f$ 计。

2　侧焊缝的应力沿长度方向的分布是不均匀的，长度与厚度之比愈大，应力集中现象愈严重。根据国外资料，计算长度为 $28h_f$ 时，$\sigma_{max}=1.6\sigma_0$；计算长度为 $42h_f$ 时，$\sigma_{max}=1.97\sigma_0$；计算长度为 $60h_f$ 时，$\sigma_{max}=2.54\sigma_0$。此处 σ_{max} 为侧焊缝端部的最高应力，σ_0 为平均计算应力。

试验证明，侧焊缝的应力集中现象在动荷载作用下很不利，容易使焊件在焊缝端部首先出现裂缝，导致整个构件的破坏。所以承受动荷载的侧焊缝，计算长度不宜过大。

当侧焊缝承受静荷载时，进入塑性阶段后应力分布逐渐趋于平均。一般说来，应力集中对静力强度的影响并不大，所以，对承受静荷载的结构，焊缝最大计算长度可以放宽。

在特殊情况下，如果连接线很长，但焊缝受力并不大，焊缝长度可以不受 $50h_f$ 或 $60h_f$ 的限制，只是超过部分在计算中不予考虑。

3　对于厚度较大的侧焊缝，若长度过小，而使构件局部过热变形，且起弧落弧产生的缺陷相距太近，焊缝将更为不可靠。另外，若焊缝集中在一个很短距离上，构件的应力集中将很大，因此，应有一个最小计算长度的规定。在实际工程中，一般焊缝的最小计算长度约为（8~10）h_f，本规范规定为 $8h_f$。

4　钢板端部仅有侧面角焊缝时［图6-5a)］，规定焊缝长度 l 不小于侧焊缝之间的距离 b，是为了避免应力传递曲折而使构件中应力不均。规定 b 不大于 $16t$（$t>12mm$）或 200mm（$t\leqslant 12mm$），是为了避免因焊缝横向收缩而引起板件拱曲太大［图6-5b)］。

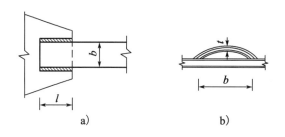

图 6-5 钢板端部侧面角焊缝及其横向收缩变形示意图

6.2.20 当垂直于焊缝长度方向受力时，未焊透处的应力集中会带来很不利的影响，因此规定垂直于构件受力方向的对接焊缝必须焊透。当焊缝长度平行于受力方向时，焊缝只承受剪应力，可不要求焊透。

为了保证被焊构件全熔焊透，垂直于受力方向的对接焊缝一般要求双面施焊。在保证焊缝根部完全焊透的前提下也可采用单面施焊。

焊缝的横截面形状应该是平顺的。外形骤然变化将引起局部应力集中，焊接处可能由于疲劳产生脆裂，使连接过早地破坏，因此规定对焊缝表面进行机械加工，使其匀顺过渡。

6.2.21 在对接焊缝的拼接处，当板宽或板厚有改变时，为使截面和缓过渡，应将板宽或板厚切成斜角（图 6-6），以减小应力集中，使应力传递也较均匀。

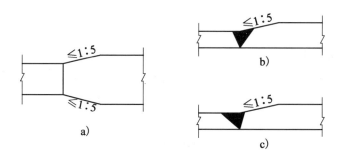

图 6-6 不同宽度或厚度钢板拼接示意图

国内试验表明，不论板的宽度或厚度如何变化，坡度均用 1:8～1:4 为宜。接头的疲劳强度与板的宽厚变化关系不大。因此规定，不论受静载或动载，板的宽度或厚度变化均做成不大于 1:5 的坡度。两焊件厚度（或宽度）差不超过 4mm，焊缝表面的斜度已足以满足和缓传递应力的要求，所以只有当两焊件厚度（或宽度）差在 4mm 以上时，才规定在焊件上做成坡度。

图 6-6 介绍了两种厚度改变的构造形式：一种是斜坡包括焊缝在内 [图 6-6b)]，这种形式焊件切削加工的长度较小，甚至除焊缝的坡口外，不需另外再加工，传力情况也较好，但焊缝金属较多，焊缝表面成型也可能困难一些；另一种是斜坡不包括焊缝 [图 6-6c)]，它的优缺点与前者相反，这两种形式在实践中均有应用。

6.2.22 为避免焊缝集中而产生的不利影响，要求有关焊缝位置宜错开。受疲劳控制的焊缝要错开孔群和圆弧起点 100mm 以上。

6.3 栓、钉连接

6.3.3 对本条作以下几点说明：

（1）规范要求螺栓或铆钉对称于构件轴线布置，目的是防止因偏心而在构件连接部位产生附加弯矩，对构件受力不利。

（2）本规范对螺栓或铆钉的间距作了最大和最小值的限制，这是因为间距过大，被连接钢板在螺栓或铆钉之间会发生局部挠曲，板间空隙容易侵入潮气，使钢板生锈腐蚀；间距过小，不但施铆有困难，而且还会由于热铆的强烈冲击影响邻近已铆好的铆钉质量。对于螺栓，也有一个便于拧紧螺帽而需保持最小间距的问题。

（3）本规范螺栓或铆钉间距基本沿用原规范的规定。容许的最大间距，一般压杆比拉杆规定得严格些，因为在受压构件中，间距范围内最薄板容易失去局部稳定；靠边行列比中间行列要求严格，因为靠边行列的螺栓或铆钉受力比中间行列的大。

（4）有角钢镶边的钢板梁翼肢，由于有角钢这个刚性构件的辅助，可使连接更加紧密，并增强了板的局部稳定，所以靠边行列螺栓或铆钉的最大间距可放宽。

（5）由两个角钢或两个槽钢夹以垫板或垫圈并用螺栓或铆钉连接的构件，为了保证其两个肢结成整体和协同工作，防止因受力不均而使单肢压层，同时也为了缝隙免遭尘土和潮气的侵入，螺栓或铆钉的最大间距也应有所限制。

6.3.4 栓、钉中心至构件边缘的最小距离，不管是顺内力方向或是垂直内力方向都是为了保证被连接钢板顶边的应力和变形不致过大。

6.3.5 在垂直于受力方向，孔径截面上将产生局部的超额应力，其大小与孔径 d_0 和构件肢宽 b 的比例有关，d_0/b 越大，此项超额应力越大；反之亦然。当 $d_0/b = 1/3$ 时，此项应力达到 $3f$（f 为构件按净截面计算求得的平均应力）。规范规定螺栓或铆钉直径不应大于角钢肢宽的 1/4，就是要限制孔边这项集中应力，使其不要过大。

6.3.6 铆钉热铆时受热膨胀，其钉杆变粗，一般钉孔比钉径大 1.0mm 即可。摩擦型高强度螺栓靠摩擦力传递杆力，过大的孔径将减小接触面积，影响其抗滑力，所以加以限制，使孔径比杆径大 2.0~3.0mm，足够满足加工和安装的要求。

6.3.7 在铆接钢桥中，是用铆钉枪将受热的钉杆挤压并紧密地填充各板层钉孔，待钉杆冷却后，钉杆长度缩短，从而压紧所连接的板束，这只有当板束厚度在一定的限度内才有可能。铆合厚度过大，铆钉枪的冲击力不能遍布整个钉杆，要使连接铆钉完全密实地填充各板层钉孔是比较困难的，因此规范对最大铆合厚度作了限制。根据经验，铆钉最大铆合厚度一般不大于钉孔直径的4.5倍；用特殊铆合机铆合，铆合厚度也不大于钉孔直径的5.5倍。在超过规定厚度时，为了防止某些钉孔不能填满和铆合不紧而影响结构的连接强度，规范规定用增加铆钉数量的方法补偿连接强度的降低。

6.3.8 1 为保证螺栓或铆钉群有足够的抗弯能力，以及抵抗可能产生的局部弯矩，规范规定，当有多排螺栓或铆钉时，每排数量不少于2个。高强度螺栓（或普通螺栓）在安装时，因不需另设临时固定螺栓，采用单排时，不少于2个；设置单排铆钉时，考虑施铆需采用螺栓临时固定，所以规定铆钉数不少于3个。

2 在翼肢较宽的角钢上，往往采用交叉式布置螺栓或铆钉，并因为第一个螺栓或铆钉受力较大，应靠角钢背部设置。

3 构件的连接接头，易受制造、安装等可能出现的不利因素影响，受力情况比较复杂，故在桥梁主要受力部分如主桁构件和板梁翼缘等处，连接部件应具有不低于构件的强度，所以规范规定接头连接件按被连接构件的计算截面积作等强度设计。次要受力构件如联结系等，其连接接头不如主要受力构件重要，没有必要与构件作等强度计算，只需按构件的实际内力计算即可。

铆钉群在一般工作情况下，受力分布是不均匀的，越在中间位置的铆钉，其所受到的力越小，边排的铆钉受力大，且排数越多，铆钉受力差也越大。但当铆钉接近破坏时，由于塑性变形，钉群受力趋于均匀。高强度螺栓受力过程与铆钉相似。因此，在实际计算中，均可认为外力是均匀分配在各个连接件上，虽然与实际工作情况有所出入，但并不降低整个连接接头的安全性。

4 当受压构件采用端部磨光顶紧的措施来传递杆力时，从理论上说杆力是可以全部直接传递的，但因构件具有柔性，受力后产生挠曲，有可能使接触面部分脱开，加之构件制造误差，也不可能完全顶紧。为安全起见，这类连接其连接处的螺栓或铆钉数量及连接板的截面积，均可按被连接构件承载力的50%来计算。

5 1）构件的肢若与节点板偏心连接，且这些肢在连接范围内无缀板相联系或构件的肢仅有一面有拼接板时，螺栓或铆钉除承受剪切外，还要承受附加弯矩，所以栓、铆数量要增加10%。

2）在铆接连接中，当构件需要数块连接板连接时，连接板必然有未能与被连接构件直接连接的部分，此时铆钉承受附加弯矩，故其数量应予增加。

3）当两个被连接构件的厚度不等时，在较薄构件上需先垫以填板，然后才能与连接板连接。在此情况下的铆钉受力情况与隔层板连接时相同，所以铆钉数量也应增加。只要保证填板与被连接构件有足够的铆钉连接，即填板伸出连接范围之外有一排铆钉连接时，就可视填板与被连接构件为同一体，铆钉仅受剪切，不存在偏心受力而产生附加弯矩的问题，连接上的铆钉数量自可不必增加。

6.3.9 式（6.3.9-8）和式（6.3.9-10），保证普通螺栓或铆钉的杆轴不致在剪力和拉力联合作用下破坏；式（6.3.9-9）和式（6.3.9-11），保证连接板件不致因承压强度不足而破坏。

6.3.10 1 高强度螺栓摩擦型连接是靠被连接板叠间的摩擦阻力传递内力,以摩擦阻力刚被克服作为连接承载能力的极限状态。摩擦阻力值取决于板叠间的法向压力即螺栓预拉力 P、接触表面的抗滑移系数 μ 以及传力摩擦面数目 n_f,故一个摩擦型高强度螺栓的最大受剪承载力为 $n_f \mu p$ 除以抗力分项系数 1.111,即得:

$$N_{vd}^b = 0.9 n_f \mu P_d \qquad (6-8)$$

2 试验证明,当外拉力 N_t 过大时,螺栓将发生松弛现象,这样就丧失了摩擦型连接高强度螺栓的优越性。为避免螺栓松弛并保留一定的余量,本规范规定:每个高强度螺栓的承载力设计值 N_{td}^b 应取 $0.8P_d$。

6.3.11 销子的受力状态和应力分布都很复杂,实用计算上一般近似地把它视为简支梁,将各被连接构件的内力作为集中力并作用于销接触的各板条的中心线上,以计算销子的弯应力、剪应力和孔壁承压应力。

6.3.12 受拉构件如使用销子连接时,在销孔处有集中应力并产生偏心弯矩,加大了通过销孔直径的正截面的负担,所以该截面的净面积应比构件计算截面积大 40%。为保证销孔边至杆端截面承受剪切而不致破坏,应使该截面面积不小于构件截面积。

7 钢板梁

7.2 翼缘

7.2.1 1 当板梁桥承受比整体屈曲荷载小的作用时,本条对受压翼缘支承的部位不发生局部屈曲的宽厚比规定了限制值。

当翼缘板由两块板叠合而成时,能够增加对屈曲的抵抗能力,但在采用一块板的区间内只要满足条文中对宽厚比所规定的限制,在实际应用中和设计上也不会有问题,所以,按图 7-1 所示来考虑板的宽度和厚度是比较安全的。

受拉翼缘宽厚比的限制值考虑了焊接产生的应变、汽车行驶引起的振动等因素,并根据经验而确定。

2 板梁桥翼缘的截面是采用数量少的厚板,还是采用数量多的薄板,因各有其优缺点很难得出结论,但是一般认为前者要比后者好些,而且以由两块以内的板组成为宜。

一般的设计都是用两块以内,由厚度不超过 50mm 的板来组成翼缘板。

从强度、材质上的可靠性以及焊接性能等方面来看,薄的板问题少一些。但是如选用薄板来组成翼缘,会增加焊缝的数量,使翼缘内应力的传递状态变得很复杂。

3 为了与外力平衡,在翼缘上设置加劲肋使之成为连续结构,这时应将加劲肋的面积计算到有效截面积中。但当纵向加劲肋(图 7-2)与横向加劲肋断开时,不能将其计入有效截面积中。

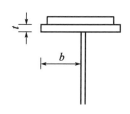

图 7-1 翼缘板的宽度和厚度

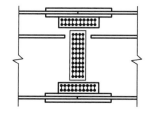

图 7-2 纵向加劲肋

7.3 腹板

7.3.2 2 因为应力沿加劲肋和一部分腹板组成的构件的长度方向呈下大上小的倒三角形分布,所以构件长度应取加劲肋长度的 1/2。焊接梁腹板与下翼缘是密贴的,因此可将腹板的一部分面积作为压杆的截面积来考虑。

腹板的这一部分面积可按规定的受压板的宽厚比限度的 2 倍来考虑，对于各种钢种取腹板厚度的 24 倍是安全的，考虑腹板的连续性，为简化计算可都取 24 倍。但是，应注意从支点到梁端的长度较小的情况或在梁端有切口的情况，可如图 7-3 所示从加劲肋中心向两侧各取腹板厚的 12 倍，但当这一范围比底板的长度大时，应取底板的范围作为压杆的截面积。

3 3) 由于梁的伸缩，线支承的中心与端加劲肋的中心可能存在不一致的情况，一般跨度在 35m 以下的梁的伸缩量较小，考虑翼缘板、底板的刚度对应力分布的影响（图 7-4），并且端加劲肋与下翼缘接触部分采用 K 形焊接（完全熔透焊接）使之相互密贴，所以可取与下翼缘相接触部分的端加劲肋外边缘间的宽度 b 和它的厚度的乘积作为线支承的有效承压面积。

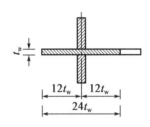

图 7-3　支承加劲肋腹板承压面积示意

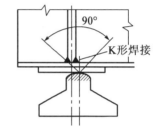

图 7-4　线支承端加劲肋焊接示意

在采用铜合金支承板、辊轴支承等的情况下，在支座的上部使用刚度较大的摇动板使得反力能均匀地分布，所以可采用（与加劲肋下翼缘相连部分的面积）和（腹板厚度 t_w 与"宽为 $24t_w$ 或支座上摆宽度中的较小值"的乘积）之和来计算有效承压面积。

8 钢箱梁

8.1 一般规定

8.1.2 受运输、安装架设条件的限制，钢箱梁尺寸不宜过大，应该尽可能避免将钢箱梁划分为开口断面的运输、安装架设单元。钢箱梁在制作、运输、安装架设过程中的受力往往与成桥运营阶段不同，构件设计应该考虑施工阶段的受力，特别是集中力的作用。结构应该有足够的刚度避免运营阶段的过大变形和失稳。

8.1.3 为便于钢箱梁的制作和维护，通常钢箱梁内部横隔板应设置人孔。钢箱梁不能完全封闭时，由于结露等影响箱内可能积水，应设置排水孔将积水排出箱梁。当箱梁尺寸很小箱内不能设置检修通道时，箱内的防腐寿命应该达到结构使用期的要求；为延缓钢材的腐蚀，不能设置检修通道的箱梁应完全封闭。

8.1.4 通常钢箱梁的约束扭转剪应力较小，可以忽略不计，仅计算自由扭转剪应力。但是弯梁或高宽比很大（或很小）的箱梁等不应忽略约束扭转剪应力的影响。

8.2 正交异性钢桥面板

8.2.1 近年来正交异性钢桥面板出现疲劳和桥面铺装损伤的现象较为普遍，本条规定要求钢桥面板具有足够的刚度。

8.2.2 钢桥面板在车轮荷载作用下的局部受力影响线较短，受车轮荷载冲击作用影响大，为简化计算，冲击系数取 0.4。

8.2.3 本条规定的目的主要是减小应力集中和避免采用疲劳等级过低的构造细节，避免过大的刚度差。为了提高闭口纵向加劲肋抗腐蚀能力，纵向加劲肋应完全封闭。

8.2.4 本条规定主要是为了提高桥面板的刚度和抗压承载力。规定中的限值为经验值。横隔板间距很大时，应进行更精确的详细分析或试验验证，确保钢桥面板的强度、刚度和疲劳寿命。

8.2.5 正交异性钢桥面铺装体系在车辆荷载作用下具有较强的局部效应，加劲肋上方的铺装形成高应力区域，从而引起这些地方的铺装过早产生疲劳裂缝。为有效控制钢桥面铺装疲劳开裂破坏，需要控制桥面板的局部刚度。

本规范采用顶板的挠跨比指标表征正交异性钢桥面板的局部刚度，在桥梁结构设计时仅需考虑裸板，即未铺装时桥面顶板在车辆荷载作用下的挠跨比。

8.3 翼缘板

8.3.1~8.3.2 受压翼缘加劲肋间距过大时，翼缘板的抗压承载力很低，浪费材料。为了防止制作、运输和安装过程中发生失稳和过大的面外变形，受拉翼缘也应该设置加劲肋，但是可以适当放宽对加劲肋刚度和间距的要求。

8.4 腹板

8.4.1 钢箱梁桥的腹板不仅承受弯曲正应力而且承受弯曲剪应力和扭转剪应力的作用，腹板应该防止出现弯剪耦合失稳，满足本规范第5.3节要求的腹板可以认为具有足够的抗弯剪承载力。

8.4.2 以受压为主的腹板及加劲肋，应考虑受压稳定对腹板承载力的影响。

8.4.3 纵向腹板的竖向刚度较大，经验表明，在荷载作用下腹板两侧桥面板下挠，有可能导致腹板上方的铺装出现明显的应力集中，容易产生裂缝。由于正交异性钢桥面铺装的受力主要受车轮荷载作用的影响，车轮附近应力集中明显，当车辆荷载与纵向腹板的距离约0.6m以上时，这种应力集中已不明显，车辆荷载轮迹中心线距离腹板0.6m以上为宜。

8.5 横隔板

8.5.1 钢箱梁支点处横隔板承受很大的集中荷载，要求能够直接传递集中荷载，减小应力集中和避免出现疲劳。

8.5.2 1 为了防止钢箱梁出现过大的畸变和面外变形，需要设置中间横隔板。日本公路钢结构桥梁设计指南中，横隔板间距、刚度及近似应力验算方法如下：
（1）横隔板间距
对跨径不大于100m的普通钢箱梁，横隔板间距 L_D 满足以下要求时，在偏心活载作用下，箱梁的翘曲应力与容许应力的比值在 0.02~0.06 之间。

$$\begin{cases} L_D \leqslant 6\text{m} & (L \leqslant 50\text{m}) \\ L_D \leqslant 0.14L - 1 \text{ 且} \leqslant 20\text{m} & (L > 50\text{m}) \end{cases} \quad (8\text{-}1)$$

式中：L——桥梁等效跨径（m）。

（2）横隔板刚度

为了抵抗箱梁的畸变，横隔板必须有足够的刚度。横隔板的最小刚度 K 应该满足下式要求：

$$K \geqslant 20\frac{EI_{dw}}{L_d^3} \quad (8\text{-}2)$$

$$I_{dw} = \left\{\alpha_1^2 F_u\left(1 + \frac{2b_1}{B_u}\right)^2 + \alpha_2^2 F_l\left(1 + \frac{2b_2}{B_l}\right)^2 + 2F_h(\alpha_1^2 - \alpha_1\alpha_2 + \alpha_2^2)\right\} \quad (8\text{-}3)$$

$$\alpha_1 = \frac{e}{e+f}\frac{B_u + B_l}{4}H, \alpha_2 = \frac{f}{e+f}\frac{B_u + B_l}{4}H \quad (8\text{-}4)$$

$$e = \frac{I_{fl}}{B_l}\frac{B_u + 2B_l}{12}F_h, f = \frac{I_{fu}}{B_u}\frac{2B_u + B_l}{12}F_h \quad (8\text{-}5)$$

式中：L_d——两横隔板间距，按式（8-1）计算；

E——钢材的弹性模量；

I_{dw}——箱梁截面主扇性惯矩；

F_u——箱梁上顶板截面积（包括加劲肋）；

F_l——箱梁下底板截面积（包括加劲肋）；

F_h——一个腹板的截面积；

I_{fu}——顶板对箱梁对称轴的惯矩；

I_{fl}——底板对箱梁对称轴的惯矩；

H——腹板长度。

横隔板截面符号如图 8-1 所示。

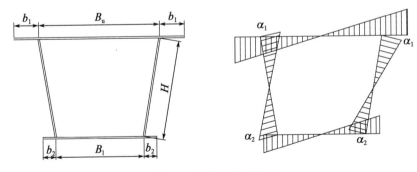

图 8-1 横隔板截面符号

①实腹式横隔板刚度按下式计算：

$$K = 4GA_c t_D \quad (8\text{-}6)$$

式中：G——钢材的剪切模量；

t_D——横隔板的板厚;

A_c——箱梁板壁形心围成的面积。

②桁架式横隔板刚度按下式计算:

X形桁架[图8-2a)]:

$$K = 8EA_c^2 \frac{A_b}{L_b^3} \tag{8-7}$$

V形桁架[图8-2b)]:

$$K = 2EA_c^2 \frac{A_b}{L_b^3} \tag{8-8}$$

式中:E——弹性模量;

A_c——箱梁板壁形心围成的面积;

A_b——单个斜撑的截面积;

L_b——斜撑的长度。

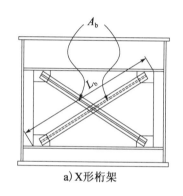

a) X形桁架　　　　b) V形桁架

图8-2　桁架式横隔板

③如图8-3所示,将横隔板简化为框架计算。其中,横隔板的加强翼缘或加强加劲肋简化为框架截面的下翼板;横隔板简化为框架截面的腹板;分别取顶板、底板和腹板厚度的24倍宽度作为框架截面的上翼板有效宽度[图8-3c)]。日本公路钢结构桥梁设计指南推荐,矩形框架式横隔板的刚度K可由下式近似求得:

$$K = \beta K' \tag{8-9}$$

$$K' = \frac{48E\left(\dfrac{b}{I_u} + \dfrac{b}{I_l} + \dfrac{6h}{I_h}\right)}{\left(\dfrac{b^2}{I_u I_l} + \dfrac{2bh}{I_u I_h} + \dfrac{2bh}{I_l I_h} + \dfrac{3h^2}{I_h^2}\right)} \tag{8-10}$$

式中:　E——弹性模量;

b——框架的宽度;

h——框架的高度;

I_u、I_l、I_h——分别为顶板、底板和腹板处横隔板简化为框架截面的惯性矩(图8-3);

β——开口率修正系数,由图8-4查得。

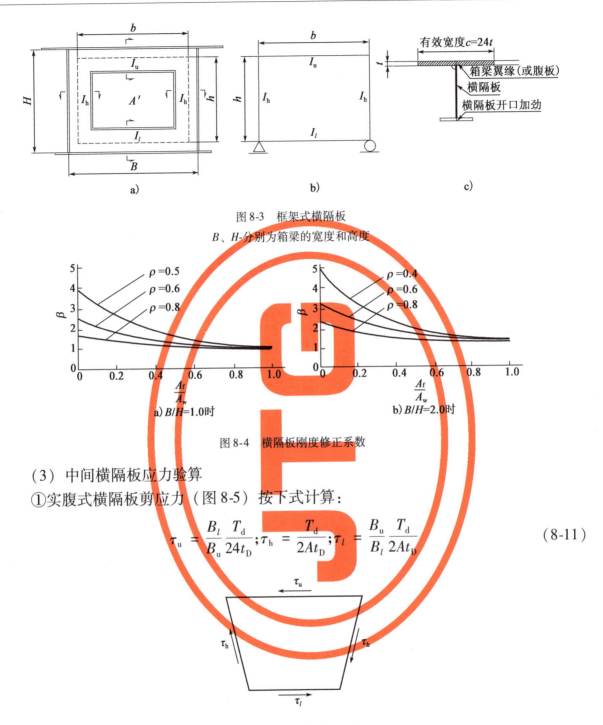

图 8-3 框架式横隔板
B、H-分别为箱梁的宽度和高度

图 8-4 横隔板刚度修正系数

(3) 中间横隔板应力验算

①实腹式横隔板剪应力（图 8-5）按下式计算：

$$\tau_u = \frac{B_l}{B_u}\frac{T_d}{24t_D}; \tau_h = \frac{T_d}{2At_D}; \tau_l = \frac{B_u}{B_l}\frac{T_d}{2At_D} \tag{8-11}$$

图 8-5 实腹式横隔板应力

②如图 8-6 所示，将横隔板简化为框架计算。当钢箱梁为分离式，箱梁间有横向联系时，框架杆件必须考虑集中力产生的附加弯矩的影响。

③对称桁架式横隔板简化为轴心拉压杆件计算，桁架斜腹杆内力按下式近似计算：

X 形桁架：

$$N_b = \frac{L_b}{4A}T_d \tag{8-12}$$

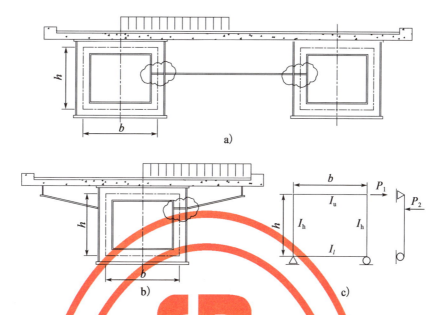

图 8-6 框架式横隔板计算模型

V 形桁架：

$$N_b = \frac{L_b}{2A}T_d \quad (8\text{-}13)$$

2 中间横隔板与顶底板和腹板的焊缝以受剪为主，可以采用角焊缝连接。

9 钢桁梁

9.2 杆件

9.2.1 构件刚度 EI/L 越大或者说长细比越小，其抵抗转动的能力越强，从而发生的二次应力也越大；反之，构件刚度 EI/L 越小或者说长细比越大，则二次应力越小。因此，在桁架中的构件不宜采用短而粗的构件，所以规范对构件的高长比作了限制，超出限制以外的就要计算此项影响。

当考虑节点刚性影响时，由于联结系和桥面系都参与主桁共同工作，对主桁构件的杆力起减载作用，加之架设时使桁架预先上拱犹如事先建立预应力，这些有利因素均未计入计算之中，所以可将次力矩进行折减。

9.2.2 对于桥门架斜置的下承式桁架桥，由于端斜杆作了桥门架的斜腿，因此上平纵联所受的横向风力经由桥的两端桥门架传至下弦端节点，使端斜杆和下弦杆产生附加内力。计算时，把桥门架视为框架，求出反弯点以后，即可按静定结构求出斜杆及端下弦杆之内力。

设楣梁为桁架式的桥门架，如图 9-1a) 所示。

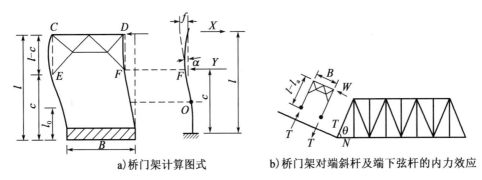

a) 桥门架计算图式　　b) 桥门架对端斜杆及端下弦杆的内力效应

图 9-1　桁架式桥门架

在水平力作用下，假定楣梁 $ECDF$ 各构件在受力后不发生变形，则横杆 CD 经水平移动后仍保持水平，而 C、E 及 D、F 点保持在直线上。取右半肢为自由体，并认为腿的下端是钳制的，而 D、F 两点受水平力 X 和 Y。作为一端固定的悬臂梁，根据弹性荷载法求得 F 点转角为：

$$EI\tan\alpha = -\frac{1}{2}[X(l-c)+Xl]c + \frac{1}{2}Ycc$$

$$= -X(lc - \frac{1}{2}c^2) + Y \cdot \frac{c^2}{2}$$

因为 D 及 F 仍在一垂直线上，所以：
$$f = (l-c)\tan\alpha$$

就 $(l-c)$ 一段而言，在水平力 X 作用下，D 点变位为：
$$EIf = \frac{X(l-c)^3}{3} \tag{9-1}$$

由此可知
$$\frac{X(l-c)^3}{3} = -[X(lc - \frac{1}{2}c^2) - Y \cdot \frac{c^2}{2}](l-c)$$

即
$$\frac{X}{Y} = \frac{3c^2}{2l^2 + 2lc - c^2} \tag{9-2}$$

在反弯点处弯矩为零，即
$$X(l - l_0) - Y(c - l_0) = 0$$

则
$$\frac{X}{Y} = \frac{c - l_0}{l - l_0} \tag{9-3}$$

式（9-2）和式（9-3）相等，从而得：
$$l_0 = \frac{c}{2}\frac{2l^2 - lc - c^2}{l^2 + lc - 2c^2} = \frac{c}{2}\frac{(l+c)(l-c) + l(l-c)}{(l+c)(l-c) + c(l-c)}$$
$$= \frac{c}{2}\frac{(2l+c)}{(l+2c)}$$

l_0、l、c 如图 9-1a) 所示。

在决定了反弯点位置以后，可取桥门架在反弯点以上部分为隔离体，在水平力 W 作用下，两腿杆的反弯点处将产生大小相等、方向相反的竖直反力 T，迎风面主桁端斜杆为拉力，背风面主桁端斜杆为压力，如图 9-1b) 所示。

拉力的竖向分力减轻了迎风一侧支座的反力，而水平分力则使迎风一侧的下弦杆产生压力 N。端斜杆为压力的则相反，其竖向分力加大了背风一侧支座的反力，而水平分力则使背风一侧的下弦杆的拉力有所增大。用公式表达如下：
$$N = T\cos\theta = \frac{W(l - l_0)}{B}\cos\theta \tag{9-4}$$

式中：W——斜桥门架上端的风力；

B——主桁中距；

θ——端斜杆与水平线的交角；

$l - l_0$——上弦节点中心至斜桥门架反弯点的距离。

9.2.3 当采用多腹杆系桁架时，竖杆兼作横向联结系的构件，在实践中曾出现过横向刚度不足的问题。因为这种多腹杆系的竖杆从纵向来说，截面只是满足构造上的要求,所以选用的截面较小,又由于在桁高中部位置处与多腹杆相交,若竖杆截面较大必然使集中此处的节点板过于庞大而引起连接困难。但当作为横联系的受力构件时承受弯曲,因此在这个平面内应具有一定的抗弯刚度,所以在节点处应加强或者增大竖杆截面本身的横向抗弯刚度。

9.3 节点板

9.3.1 节点板与构件接触面应密贴,不致因产生缝隙使水渗入或进入污垢腐蚀栓(钉),影响其承载力。

桁架的节点板在支承端伸入下弦底面 10~15mm,且要求磨光并与支座承托顶紧,其目的在于使支承反力均匀地传给节点板,通过节点板再传给桁架。此外,在顶梁时,使千斤顶只顶在节点板上而不直接顶到弦杆。

9.3.3 受拉构件的破坏发生在净截面处,为了保证拼接处不比原净截面弱,故规定受拉构件的拼接板无论在节点内或节点外拼接,其净截面积均应较被拼接部件的净截面积大10%。

对于受压构件,考虑到由于拼接板可能产生局部偏心,受力比较复杂,故要求拼接板的面积也应大于被拼压杆有效面积10%,也就是比丧失稳定时计算的承载力大10%。此外,从满足强度要求出发,它的净截面积同时应较被拼接的压杆的净截面积大10%。

9.3.5 1 为了保证腹板的应力能逐步地通过翼板传至节点板,故要求构件的腹板应伸入节点板一定的长度(不小于腹板宽度的1.5倍)。为了使栓(钉)传力均匀,同样要求连接于构件上的栓(钉)与构件轴线相对称排列。

3 当弦杆直接承受桥面板的荷载时(上承式桁架),弦杆除受轴向力外,尚有作用在节点以外的竖向荷载所引起的弯矩,受力情况与一般桁架的弦杆有着根本的区别,近似一弹性支承连续梁。支承点就是节点,但在计算时按刚性连接处理,采用近似的方法进行计算,既不考虑将这一节点的弯矩传至邻近节点,也不考虑由邻近的节点传来的弯矩,如图9-2所示。弦杆中作用有桥面板传来的垂直荷载,欲求 a 点处的弯矩,可将弦杆视为一根两端固接的梁(ab),求出固端弯矩 M_{Fa},然后按照节点 a 处所连接的各个构件相对刚度 I/l 之比值进行分配。如此,则 a 点弯矩为:

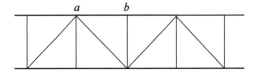

图 9-2 直接承受外荷载的弦杆

$$M_{ab} = \frac{M_{Fa}}{\sum_a \frac{I}{l}} \frac{I_{ab}}{l_{ab}} \tag{9-5}$$

式中：M_{ab}——由于荷载所产生的在 a 端的固端弯矩，可以近似地取 $0.7M_0$，M_0 为跨径等于节间长度 ab 的简支梁的跨中弯矩；

I_{ab}——ab 构件的惯性矩；

l_{ab}——节间 ab 的长度；

$\sum_a \dfrac{I}{l}$——节点 a 各构件的相对刚度之和。

9.4 联结系

9.4.3 条文所指纵向水平力含建造安装时桥面板横向焊缝所产生的纵向力。

10 钢管结构

10.1 一般规定

10.1.2 为了防止局部屈曲,应给出 d/t 或 b/t 的限值。本条规定的限值与欧洲规范第 3 类截面(边缘纤维达到屈服,但局部屈曲阻碍全塑性发展)比较接近。

10.1.3 根据国外经验(参考欧洲规范 Eurocode 3 1993),当满足此条规定时,可忽略节点刚性和偏心的影响,按铰接体系分析桁架构件的内力。

10.1.5 采用连接板和高强度螺栓进行钢管连接时,为避免应力的不均匀传递,高强度螺栓要均匀布置。连接板的分割数目要考虑施工时的可操作性。

10.2 构造要求

10.2.1 有关钢管节点构造的规定主要是参考国外规范,并结合我国的施工水平制定的,以保证节点连接的质量和强度。在节点处弦杆应连续,腹杆端部应精密加工,直接焊于弦杆外壁。弦杆和腹杆,或两腹杆轴线之间的夹角不小于 30°的规定是为了保证施焊条件,使焊根熔透。

管端切割及坡口加工应使用自动切割机,以保证装配和焊接质量。

10.2.7 本条是针对拱肋、桥墩柱等使用大直径钢管节点部位及支撑构造所作的规定。作用集中荷载的节点部位和支撑部位,要考虑附加应力引起局部变形并防止剪切及扭转屈曲,应设置环向钢板或横梁作为加劲。

10.2.8 考虑容许剪应力,环形加劲的最大间隔为钢管外径的 3 倍。当 $d_0/t \leqslant 60$ 时,考虑制作上的方便可以不设加劲钢板。

10.2.10 长细比大的构件在风速较低时,易引起卡门涡激振动,构件端部会产生疲劳破坏,因此要采取一定的构造与减振措施。

10.3 计算规定

10.3.2 节点的承载力（与几何参数有关）通常小于构件的承载力，此承载力不能通过增加焊缝来提高，因为多余的焊缝不能传递更高的荷载，反而会因焊接热效应过大带来不利影响。

10.3.3 根据本规范第10.2.6条的规定，弦杆与腹杆的连接焊缝，应沿全周连续焊接，并应从趾部的全熔透角焊缝、匀顺过渡到鞍部的部分熔透角焊缝和跟部的角焊缝。由于坡口角度、焊根间隙都是变化的，对接焊缝的焊根又不能清渣及补焊，考虑到这些因素及计算方便，参考国内外相关规范，连接焊缝可视为全周角焊缝，按本规范式（6.2.21-1）进行计算。

11 钢—混凝土组合梁

11.1 一般规定

11.1.1 组合梁由钢梁和混凝土板通过连接件组合而成。混凝土板可采用现浇混凝土板、叠合混凝土板、预制混凝土板或压型钢板组合板等形式。其中叠合混凝土板由预制板和现浇混凝土层组合而成，施工时预制板作为现浇混凝土层的模板，在混凝土预制板上表面拉毛并设置抗剪钢筋等措施，以保证预制板与现浇混凝土层形成整体。

11.1.3 1 一般情况下，组合梁桥的钢梁截面尺寸较大，截面类型对应于欧洲规范4中的第二类及第三类截面，组合梁截面塑性转动能力受到钢板局部屈曲的限制，因而本规范中组合梁的设计方法仍以弹性理论为基础。

2 组合梁截面特性计算宜采用换算截面法，将混凝土板面积除以钢材与混凝土的弹性模量比等效替换成钢材面积，此时将组合梁视为同一材料，计算组合梁的截面特性值。组合梁结构中如存在负弯矩区，计算截面抗弯刚度时应考虑混凝土开裂的影响。

3 根据现行《公路桥涵设计通用规范》（JTG D60）的有关规定，组合梁温度作用应考虑均匀温度作用及竖向梯度温度作用的影响。

5 混凝土徐变效应计算则采用有效弹性模量比的方法。有效弹性模量比结合现行《公路钢筋混凝土及预应力混凝土桥涵设计规范》（JTG D62）中规定的混凝土徐变系数发展曲线确定，徐变因子取值参考欧洲规范4（Euro code1994-2）及编写组相关研究成果。

11.2 承载能力极限状态计算

11.2.1 组合梁抗弯承载力计算采用线弹性分析方法，抗弯承载力以组合梁截面任意一点的应力达到材料强度设计值作为抗弯承载力的标志。

11.2.2 试验研究表明：假定组合梁的抗剪承载力仅由钢梁腹板提供，计算结果偏于安全，因为混凝土板的抗剪作用亦较大。

当组合梁承受弯、剪共同作用时，组合梁的抗剪承载力随截面所承受的弯矩增大而减小，由于截面抗力计算采用线弹性分析方法，因而以验算最大折算应力的方法考虑组合梁弯、剪耦合作用。

11.2.3 当混凝土板内横向钢筋配置较少时,组合梁的混凝土板存在纵向剪切破坏的风险,因而有必要对组合梁的混凝土板进行纵向抗剪验算。

11.2.4 组合梁的疲劳设计方法与钢结构桥梁一致,应符合本规范其他章节的相关规定。

11.2.5 组合梁的钢梁在施工期间应按本规范的相关规定进行稳定性验算。在混凝土板与钢梁有效连接形成整体后,组合梁正弯矩区段可不进行整体稳定性验算。在连续组合梁中,负弯矩区组合梁可根据需要设置足够数量及刚度的横向联系梁。

11.3 正常使用极限状态计算

11.3.1 组合梁在正常使用极限状态下的变形限制要求与钢桥一致。

11.3.2 在正常使用极限状态下,组合梁各部分材料基本上处于弹性阶段,组合梁的变形可按线弹性方法进行计算。具体计算方法为:混凝土板的面积除以钢材与混凝土弹性模量比 n_0,然后换算为钢截面(为使换算前后组合梁截面形心位置不变,将混凝土板宽度除以 n_0 即可),再求出换算截面刚度 EI_{um} 计算组合梁的挠度。

试验研究表明:采用焊钉连接件的组合梁在钢与混凝土结合面上将产生相对滑移,导致组合梁挠度增加。根据国内外试验结果,由混凝土板和钢梁相对滑移引起的附加挠度在10%~20%之间,因此,此次修订引入折减刚度法考虑组合梁截面滑移效应对组合梁变形的影响。

11.3.3 连续组合梁负弯矩区组合梁混凝土板的受力行为接近于混凝土轴心受拉构件。作用(或荷载)短期效应组合引起的开裂截面纵向受拉钢筋的应力 σ_{ss} 可按下式计算:

(1) 钢筋混凝土板

$$\sigma_{ss} = \frac{M_s y_s}{I_{cr}} \tag{11-1}$$

式中:M_s——形成组合作用之后,按作用(荷载)短期效应组合计算的作用于组合梁截面的弯矩值(N·mm);

I_{cr}——由纵向普通钢筋与钢梁形成的组合截面的惯性矩(mm^4);

y_s——钢筋截面形心至钢筋和钢梁形成的组合截面中性轴的距离(mm)。

(2) 预应力混凝土板

$$\sigma_{ss} = \frac{M_s \pm M_{p2} - N_p y_p}{I'_{cr}} y_{ps} \pm \frac{N_p}{A'_{cr}} \tag{11-2}$$

式中:M_{p2}——由预加力 N_p 在后张法预应力连续组合梁等超静定结构中产生的次弯矩

（N·mm）；

N_p——预应力钢束的预加力合力（N）；

y_p——预应力钢筋截面形心至普通钢筋、预应力钢筋和钢梁形成的组合截面中性轴的距离（mm）；

y_{ps}——预应力钢筋与普通钢筋截面重心至普通钢筋、预应力钢筋和钢梁形成的组合截面中性轴的距离（mm）；

A'_{cr}——由纵向普通钢筋、预应力钢筋与钢梁形成的组合截面的面积（mm²）；

I'_{cr}——由纵向普通钢筋、预应力钢筋与钢梁形成的组合截面的惯性矩（mm⁴）。

将上式计算得到的钢筋应力代替混凝土轴拉构件的钢筋应力值，按混凝土轴心受拉构件计算负弯矩区组合梁混凝土板最大裂缝宽度。

11.4 连接件设计

11.4.1 2 钢梁与混凝土板结合面上的连接件所受剪力并不均匀，当每个连接件具有一定的剪切变形能力时，作用剪力就随着连接件的剪切变形重新分配，不会使个别连接件承受的剪力过大。因而具有一定剪切变形能力的连接件有利于其受力均匀，不易使混凝土应力局部集中。

3 连接件在钢—混凝土组合结构中的应用范围拓宽后，应用形式也呈多样化。按照形式分类主要有圆柱头焊钉连接件、开孔板连接件、型钢连接件等。设计时宜根据桥梁结构实际情况，在保证其安全可靠前提下，可选用开孔板连接件、型钢连接件等连接件形式。不同类型连接件受力性能差异较大，抗剪刚度各有不同。当不同类型连接件混合使用时，需考虑因连接件抗剪刚度差异引起的局部应力集中和剪力分布不均现象。实际工程中，在同一截面处抗剪刚度差异较大的连接件不宜混合使用，尤其是刚性连接件和柔性连接件在同一截面处不宜混合布置。

11.4.2 1 连接件是保证组合梁中两种不同材料共同工作最为关键的受力部件，其主要功能包括两个方面：首先要抵抗钢梁和混凝土板结合面间的水平剪力及两者之间的相对滑移；其次还要抵抗混凝土板与钢梁间的掀起作用。

2 当相邻主梁间距较大且横向联系较弱时，钢与混凝土结合面上可能产生较大的横桥向剪力和拉拔力，连接件将可能处于三向应力状态，设计时应给予重视，必要时可建立三维有限元模型进行受力分析。

4 为保证正常使用极限状态下钢梁和混凝土板间不发生过大的相对滑移，有必要对正常使用阶段焊钉连接件所承担的剪力进行限制。

11.4.3 1 连接件的设计荷载作用仅包括钢梁与混凝土板形成组合截面之后的各种荷载。在计算纵桥向水平剪力作用时，按线弹性分析方法并假设钢梁和混凝土板完全组合进行计算，不考虑钢梁与混凝土板之间的黏结力及摩擦作用，且不考虑负弯矩区混凝土开裂的影响。

2 计算结合面上连接件配置数量时，可将结合面上的剪力按剪力包络图分段计算，求出每个区段上单位长度纵向剪力的平均值 $V_{\mathrm{ld}i}$（或该区段的最大值）和区段长度 l_i，连接件在该区段内均匀布置，如图 11-1 所示；如按区段单位长度纵向剪力平均值进行设计时，应保证单个连接件所受到的最大剪力不大于其抗剪承载力的 1.1 倍。每个区段内连接件的个数可由下式确定：

$$n_i = \frac{V_{\mathrm{ld}i} l_i}{V_{\mathrm{su}}} \tag{11-3}$$

式中：V_{su}——单个连接件的抗剪承载力。

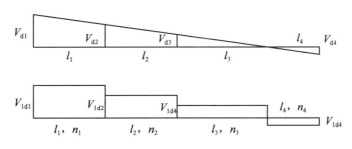

图 11-1 剪力分段示意图

3 预应力集中锚固力、混凝土收缩徐变以及温差等作用产生的剪力主要集中在组合梁梁端或集中力作用点，水平剪力由梁端或集中力作用点向跨中方向逐渐递减。

如表 11-1 所示，各国规范对纵桥向剪力计算传递长度有不同的规定，这里偏保守地采用主梁间距与 1/10 跨径中的较小值。

表 11-1 各国规范对纵桥向剪力计算传递长度的规定

各 国 规 范	梁端纵向剪力传递长度
原规范	未规定
我国《铁路桥结合梁规定》（TBJ 24）	收缩产生：$$l_{\mathrm{cs}} = 2\sqrt{\frac{\mu Q_{\mathrm{s}}}{\varepsilon_{\mathrm{s}}}}$$ 温度产生：$$l_{\mathrm{ct}} = 2\sqrt{\frac{\mu Q_{\mathrm{t}}}{\alpha t}}$$
日本道路桥示方书·同解说	min｛主梁间距，1/10 桥梁跨径｝
英国 BS5400	温度产生：$$l_{\mathrm{s}} = \sqrt{\frac{KQ}{Df}}$$ 或 1/5 有效跨径（在采用焊钉时）
欧洲规范 4（Eurocode4）	混凝土板有效翼缘宽度

预应力集中锚固力、混凝土收缩徐变或温差的初始效应是指各荷载在组合截面上产生的一次效应。

11.4.4 目前各国规范对焊钉连接件的抗剪承载力计算方法主要有三类：

（1）采用公式计算，公式形式大多数如本规范条文中的式（11.4.4）所示，只是不同规范采用的系数不同。

（2）采用表格形式，设计时只需查阅表格，如英国规范 BS5400-5。

（3）采用推出试验方法确定极限承载力值，再按照一定的材料分项系数进行折减，得到设计所用的抗剪承载力。

第（1）和第（3）两种方法在各国应用较为普遍，而第（2）种方法有较大的局限性，焊钉的长度等均已固定，这就使得超出表格规定范围的应用形式全都需要通过试验确定。

研究结果表明：焊钉连接件高度与杆径之比大于4之后，高径比的增大对焊钉连接件抗剪承载力影响较小，桥梁中所用焊钉连接件一般要求高径比大于4，因而焊钉连接件抗剪承载力计算公式中忽略此项因素的影响。

11.5 构造

11.5.11 焊钉连接件最小长度的规定，主要是保证焊钉连接件具有一定的抗拉拔作用且保证焊钉连接件的抗剪承载力得到充分发挥。

2 焊钉连接件最大中心间距的规定主要是确保钢梁与混凝土板间的有效结合。

3 焊钉连接件最小中心间距的规定，主要是保证焊钉连接件抗剪承载力能够得到充分发挥、方便施工。

5 限制焊钉连接件直径与钢板厚度之比的主要目的是确保焊接处钢板不因焊接造成显著变形，保证钢梁施工及运营阶段的稳定性。

12 钢塔

12.1 一般规定

12.1.1 目前世界上许多国家在桥梁建设中采用了钢塔,部分基本情况介绍见表12-1。

表12-1　世界上部分已建成钢塔桥梁一览表

桥　　名	主孔跨径（m）	塔柱高度（m）	塔柱截面形状	纵向尺寸（m）	横向尺寸（m）	钢壁板厚度（mm）
圣—纳扎桥（法国）	404	68	矩形	2.5	2.0	
名港西大桥（日本）	405	122	矩形	4.0～5.5	2.7	22～34
岩黑岛桥（日本）	420	152.3	T形	4.0～6.0	4.0	32～40
湄南河桥（泰国）	450	85.8（122.5）	矩形	3.5～5.5	2.5～7.0	
横滨海湾桥（日本）	460	172	矩形	5.0～9.0	4.0～5.8	
东神户大桥（日本）	485	146.5	十字形	5.3～7.3	3.5	
鹤见航道桥（日本）	510	180	T形	4.5～6.5	5.0	
名港中大桥（日本）	590	190	八角形	5.2～6.0	8.0	
多多罗大桥（日本）	890	220	矩形（带切角）	5.9～8.5	5.6～12	22～44
旧金山—奥克兰新海湾大桥（美国）	385	160	五边形	5.82～2.924	6.234～3.693	45～100
南京长江三桥（中国）	648	187.2（总高215.0）	矩形（带切角）	6.8	5.0	30～48
泰州长江大桥（中国）	1 080	191.5	矩形（带切角）	6.6～15.54	5.0	50～60
马鞍山长江大桥（中国）	1 080	127.8（承台至塔顶165.3）	矩形（带切角）	7～11	6.0	40～60

其中,南京长江三桥首次在国内桥梁建设中采用大型钢塔,随后的泰州长江大桥、马鞍山长江大桥的中塔也采用了钢塔。

12.1.3 一般情况，钢混连接段的位置有三种选择：承台顶面，日本大部分桥梁均如此；主梁顶面附近，如泰国湄南河桥、日本鹤见航道桥等；上塔柱锚固区。对于南京长江三桥，由于长江南京段江面水位变化较大，不宜将钢混连接段放置在承台顶面，最终将钢混连接段放置于桥塔下横梁顶面。

12.1.4 对国内的桥梁，不管是主梁、桥塔还是拱圈，由于材料生产、采购、加工等种种原因，同一座桥的材料，尤其是主要构件的材料，几乎采用相同的材料。国外许多桥梁，不管是主梁还是桥塔，均按照受力大小划定几个区域，不同的受力区域选用不同的材质，从而达到节省造价的目的。

12.1.6 钢塔阻尼比较小，在钢塔安装过程中及裸塔状态都易产生涡激振动，因此需采用抑振装置。

12.2 构造要求

12.2.1 钢塔多采用矩形箱形截面，少数采用T形或准十字形等其他箱形截面。当塔柱截面较大时，可在钢塔内布置横桥向和顺桥向竖隔板，将塔柱截面分为多室。

钢塔质量和阻尼均较小时易发生涡激共振。此外，钢塔较高，还有发生驰振的可能性。南京长江三桥钢塔采用了带切角的矩形截面，进行了10种尺寸的切角形式气动外形比选，发现切角长宽比增大时，涡振响应也有增大的趋势。最终选用了涡振响应最小的0.8m×0.7m的切角断面。

12.2.2 根据受力的不同，壁板可采用相同的材质不同的厚度，也可采用不同的材质相同的厚度。

确定加劲肋的尺寸与间距时，根据截面受力需要和横隔板的约束情况以壁板不发生局部屈曲为原则，尽可能使截面各个部分均不产生应力折减。

12.2.3 横隔板设置的目的是防止壁板失稳，为塔柱内升降机提供平台，为节段连接时提供工作平台等。

依据国内钢塔研究成果，并参考日本的相关资料，横隔板的间距一般不大于4m，南京三桥横隔板的间距也采用了4m。

12.2.4 钢塔节段间的连接一般有三种形式：一是焊接连接；二是普遍采用的钢塔节段端面金属接触与高强度螺栓共同受力；三是钢塔节段端面金属接触与高强度对拉螺杆共同传力。当塔柱太高时，高空焊接作业不易保证焊接质量。

13 缆索系统

13.1 一般规定

13.1.2 缆索构件往往细长而刚度小,在风、车辆等动荷载作用下容易产生振动而造成疲劳问题,同时也导致舒适感降低。结构设计时应考虑这些影响,设置合理的阻尼或减振装置。

13.2 结构设计

13.2.1 $\gamma_0 N_d/A \leqslant f_d$ 适用于采用高强平行钢丝、钢绞线、普通钢材等制成的受拉构件计算,$\gamma_0 N_d \leqslant N_R$ 适用于钢丝绳构件计算。

13.2.2 缆索构件的抗疲劳设计应结合本规范第5.5节进行。疲劳荷载效应应选择适当的模型计算,疲劳强度应按相应的应力循环次数按图13.2.2和表13.2.2计算,然后选用合适的验算公式验算疲劳强度。

14 钢桥面铺装

14.0.1 钢桥面应具备良好的排水功能，以往许多大跨径钢桥将泄水口设置于钢路缘附近的桥面板上（图14-1），附近铺装很难压实且易渗水，水下渗后无法排出（图14-2），对铺装和钢桥面板产生危害。为避免这种情况的发生，排水口宜设置在钢路缘立面或钢路缘外侧，且其底部不高于桥面板。多座大跨径钢桥的工程实践表明，侧向排水效果较好。

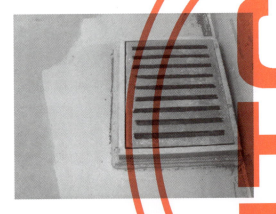
图14-1 应避免的泄水口设置

图14-2 无法排水

14.0.3 钢桥面板与铺装间存在复合作用，铺装的存在可以降低桥面板的内力，同时，由于正交异性板结构复杂，荷载作用局部效应显著，桥面板结构和变形特性对铺装内的应力场分布和临界应力具有重要影响。桥面板与铺装共同受力、相互影响。在钢桥面铺装设计时，应将铺装和正交异性钢桥面板作为整体进行分析和计算。

以往通常在桥梁结构设计结束后，再进行桥面铺装的设计。这种情况往往容易导致对桥面铺装技术要求偏于苛刻，无法进行针对铺装的结构优化，也潜在的影响其使用寿命。桥面铺装作为钢桥面板的保护层和荷载扩散层，不仅影响行车舒适性和安全性，对钢桥面板的耐久性也有重要意义。我国大跨径钢桥桥面铺装病害较多，除了较为不利的环境条件和普遍的超载现象以外，桥梁的结构条件也是重要的影响因素。因此，桥梁设计应与桥面铺装设计同步、协调进行，以保证桥梁结构具有足够的刚度，从而有利于延长铺装的使用寿命。

14.0.4 分析钢桥面铺装的基本条件，包括环境条件、交通条件、结构支撑条件和工程实施条件，可以准确把握钢桥面铺装的使用状态和铺装方案实施的合理性与可行性，是钢桥面铺装设计的基础。

环境条件包括气温、降水、日照、风、雾、湿度等，这些条件直接决定了钢桥面铺装结构与材料的技术标准。例如高温地区需要注意提高铺装材料和结构的高温稳定性和层间黏结能力，避免产生永久变形或车辙；低温地区需要改善铺装的低温抗裂性；大风、多雨的地区还需要更多地考虑铺装的抗滑、防水的功能。

交通条件是指桥梁建成通车后铺装设计使用年限内的交通量、交通组成和轴载状况。通过对交通条件的合理估计，可以确定设计标准轴载和设计使用年限内单车道累计标准当量轴次，这是确定铺装结构技术标准、评估铺装使用寿命的重要依据。值得注意的是，由于受力特性的不同，钢桥面铺装轴载换算方法不得沿用沥青路面设计的相关换算公式。目前环氧沥青混凝土铺装已取得了较多的成果，可以作为其他类型的铺装设计的参考。

影响铺装受力的结构支撑条件主要是桥梁结构的相关参数，包括主梁截面特征、桥面板的构造与局部刚度等，其中顶板厚度、纵向加劲肋形式尺寸及间距、横隔板间距、纵向腹板有无及位置等因素对铺装受力影响较大。在明确了这些结构参数以后，可以通过有限元方法或专门的计算程序分析桥面板与铺装的受力与变形特点，确定设计指标和技术要求。

工程实施条件主要是指与施工相关的各种影响因素，包括施工季节与气候、施工机械与设备条件、施工工艺与技术水平、施工过程中交通干扰情况、拌和站点的设置等。工程实施条件是影响铺装方案选择、结构设计和高质量顺利实施的重要因素。

14.0.5 钢桥面铺装应具有良好的平整性、抗滑性和耐磨性，以减少车辆的冲击，提高行车的安全性与舒适性。

由于柔度较大，钢桥面板尤其是大跨径钢桥的桥面板在车轮荷载作用下会产生较大的变形，因此要求铺装应具有良好的变形追从性能，以保证其和钢板作为整体协同工作。

保护钢桥面板不被侵蚀是钢桥面铺装的基本功能之一，因此钢桥面铺装应具有高度的密实性和良好的抗水损与抗腐蚀能力。

铺装层应具有优良的抗老化性、水稳定性和抗疲劳性能以承受设计使用期内车辆荷载和温度变化的反复作用。

14.0.6 钢桥面板与铺装组成的复合结构在车辆荷载作用下产生弯曲变形，如果变形过大，容易诱使桥面板加劲构件（尤其是纵向加劲肋）上方的铺装产生疲劳开裂，因此应对此加以限制，以保证铺装的使用寿命。本规范采用铺装表面的挠跨比指标表征铺装结构的变形程度，在计算时考虑以下因素：

（1）以铺装和钢桥面板整体复合结构作为计算与分析对象。

（2）由于钢桥面铺装技术仍在不断发展中，铺装方案较多，一些新的铺装材料和结构也在不断涌现，不同方案的铺装模量也不相同，因此铺装模量需通过复合结构试验测得，测试时温度为常温，可选择20℃。

（3）车辆荷载图示对钢桥面铺装的变形计算有一定影响，可选用桥梁设计车辆荷载中的重轴,轴型为单轴双轮形式(图14-3),每单轮宽20cm、长25cm,两轮侧间距为10cm。

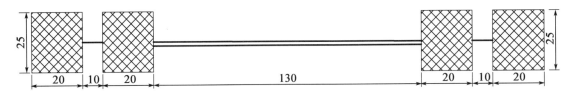

图14-3 铺装变形计算时的荷载图示(尺寸单位:cm)

(4)由于正交异性桥面板的结构特性,铺装变形计算时的布置荷位较多,可通过计算确定最不利荷位;

(5)取不同部位铺装的挠跨比(如 D_1/L_1、D_2/L_2)中较大者作为计算值进行挠跨比验算。

14.0.7 钢桥面铺装疲劳破坏的主要现象是铺装层的开裂以及铺装与钢板之间的脱层和滑移破坏。针对这些破坏现象,将铺装结构表面的弯拉应力以及铺装与钢板之间的剪应力作为控制指标,通过力学计算将实桥铺装结构受力状况与复合结构模型进行等效转换。复合结构试验是世界各国钢桥面铺装研究所普遍采用的做法,美国、欧洲、日本等国家和地区都采用了复合结构试验对铺装结构的性能进行研究,我国从南京长江二桥开始应用复合结构的研究手段,目前已经形成了较为成熟的复合结构模型及试验方法。

14.0.9 目前在我国钢桥面铺装工程中使用的铺装材料主要有环氧沥青混凝土、浇注式沥青混凝土、改性沥青SMA和密级配改性沥青混凝土。四种材料各有特点,可以根据具有相似使用条件的桥面铺装工程使用情况选用,但同时也应考虑工程实施条件能否满足铺装材料的施工要求,比如环氧沥青混凝土对施工工艺、机械设备、环境温度、拌和站设置等均有较为特殊的要求,在铺装材料选择时需要充分考虑这些因素。

14.0.12 防水黏结层是钢桥面铺装的重要组成部分,它将铺装层与钢桥面板黏结成一个整体,充分发挥铺装层与钢桥面板的复合作用,改善钢桥面板与铺装的受力状况,增强铺装的疲劳抵抗性能。世界各国的钢桥面铺装设计均对防水黏结层非常重视,也提出了不同的技术要求,我国的南京长江二桥、南京长江三桥、苏通大桥、西堠门大桥等钢桥面铺装技术标准规定:黏结强度25℃时不得小于2.75MPa、60℃时不得小于1.75MPa,经实践验证效果良好。

14.0.14 对于特大桥、特殊结构或有特殊使用要求的钢结构桥梁,由于技术要求较高,宜根据钢桥面铺装的环境条件、交通条件、结构支撑条件、实施条件,结合本地钢桥面铺装工程经验及国内同类型桥梁桥面铺装工程经验,选择合适的铺装材料,在力学分析和室内试验的基础上进行专项设计。

15 防护及维护设计

15.0.2 这里规定的钢桥结构防腐年限不小于15年，主要是针对涂装防腐方法并参考长效型涂料防腐年限提出的。

15.0.3 钢结构桥梁设计时，应采用高性能优质材料，采取涂装、镀锌铝等防腐手段，重视节点和连接的疲劳性能，改进焊接工艺，设置抗防撞辅助设施等措施将材料老化、疲劳、环境腐蚀以及偶然作用发生时可能导致的结构损伤降低。

15.0.7 维护是本次修订新增加的内容。随着我国近二十多年钢桥数量的增加和质量的提高，以及新技术的发展，对钢桥的维护技术也取得长足进步，如悬索桥的主缆、索塔主鞍、锚碇、钢箱梁等都使用了除湿系统；主缆、吊索、斜拉索等有新的机器人智能检测维护系统等；高桥塔内有电梯、电动检查车等。在钢桥设计时，设计工程师应为使用期内的养护维修技术人员和工人设计检修通道，桥梁的任何部位，都应该是人或机具可以到达、可以观察和可以维修施工。

16 支座与伸缩装置

16.1 支座

16.1.1~16.1.3 钢结构梁式桥通常跨径较大，受载重和温度变化影响也大，使梁产生较大的转角和纵向位移。为了克服较大的摩阻力，保证梁有足够的角变位和线变位，所以一般采用辊轴式支座或摇轴式支座。经过多年的工程实践橡胶支座也可用作钢桥支座。

支座形式选定时应考虑如下主要因素：
(1) 支承条件、反力大小和作用方向；
(2) 移动量和转动量；
(3) 移动方向与转动方向的关系；
(4) 组成全桥体系的上部结构形式和下部结构形式等结构特征；
(5) 地基条件；
(6) 经济性；
(7) 施工性；
(8) 维护管理性；
(9) 耐久性；
(10) 周围环境和涉及桥梁的影响。

在形式选择过程中，从设计之初避免限制在某一种支座形式，最好对上述的主要因素比较研究后综合考虑决定。

为了适应受力复杂或大跨度桥梁在支座处有较大位移（包括水平位移和不同方向的角位移）的要求，提出了万向球型支座或双曲形支座。双曲形支座的两个交互方向的曲率不同，如果两曲率相同则为球型支座。

万向球型钢支座或新型双曲形钢支座可分为固定支座和活动支座，其计算方法可采用计算机程序进行。在地震区则可采用相应的抗震、减震支座，其减震效果可由计算得出，最多能降低地震力10倍以上。这种支座可承受压力、拔力和各向剪力，其抗拔力可达20 000kN。

支座用以传递荷载，其底板应具有一定的刚度，才能使通过它的荷载均匀分布于垫石上。规范规定的底板最小厚度是从实践经验中得出的。铸钢在铸造时可能出现气孔及其他缺陷，影响铸件的强度，所以也要有最小尺寸的规定。

支座顺桥方向的长度，不宜超过墩台支承面至铰中心高度的2倍，即图16-1a）中

的 C 值不宜大于 $2h$ 值；横桥方向的宽度，应使墩台支承面与铰的平面之差不超过支承面至铰中心高度的 2 倍，即图 16-1b) 中的 B 值不宜大于 $2h$；这些规定都是依支座上压力分布角度不超过 45°得出的。

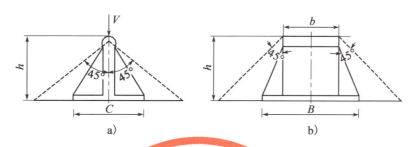

图 16-1 支座压力分布图

16.1.4 底板的强度往往以板中的弯曲应力控制，计算的有效长度过长，也增加了板中的弯曲应力，从而不必要地增大板厚。

16.1.5 支座的形式很多，但就支座铰的形式而言，只有紧密接触和自由接触两种。紧密接触（两弧形表面接触）因容易生锈而增加转动摩阻力；自由接触（弧形与平面接触）摩阻力较小，所以一般情况下宜选用后者，但在滑动时，仍然会出现跳跃式的滑动问题，需要引起注意。

为了减小摩阻力，提高活动支座的效能，辊轴直径不宜太小，规范规定不小于 150mm。钢桥愈长需要滚移的距离愈大，相应地加大辊轴直径，可以使转角较小、容易滚动。割边式辊轴加工麻烦，且有翻倒的可能，如不受支座平面尺寸限制，宜少用。

辊轴数量多，各轴受力不均匀，所以辊轴数量宜选用最少数，在可能的情况下用单轴式支座。采用奇数辊轴，中间辊轴的受荷要比外边的两个辊轴大很多，因此在选用多个辊轴时，应尽量选用偶数。

16.1.6 当设置拔力锚栓时，其锚固力应为上拔力的 1.5 倍，使之有相当的安全储备。试验表明，锚栓随着埋置深度的增加，应力递减很快，所以埋得过深意义不大。为了增加握裹力，一般在锚栓下端设置弯钩或将端部扩大成螺头形式的锚固板。

16.1.7 辊轴支座应能自由地纵向移动，其移动距离应不小于由活载和温度所产生的移动量。辊轴纵向位移后，对基座和底板均产生偏心，在计算中应考虑偏心弯矩的影响。

16.1.8 本条引用《钢结构设计规范》(GB 50017—2003) 中第 7.6.2 条的规定。

16.1.9 式 (16.1.9) 原为 $\sigma = 1.6R/(dl) \leq [\sigma_{cj}]$，$[\sigma_{cj}]$ 为圆柱形枢轴局部紧接承压容许应力，$[\sigma_{cj}] \approx 0.75[\sigma]$，再将其换算为极限状态设计表达式即得式

(16.1.9)。

16.2 伸缩装置

16.2.1 模数式伸缩装置和梳齿板式伸缩装置是目前国内最常用的两种伸缩装置类型，钢结构桥梁可根据伸缩量的大小，考虑采用。

16.2.2 考虑到由于伸缩装置的加工误差、伸缩量计算时的计算模式的不定性以及安装施工造成的误差等因素的影响，伸缩量确定时建议考虑一定的富余量，作为选定型号的基本依据；根据以往经验建议考虑30%左右的富余量。

16.2.3 本条主要涉及伸缩装置具体设计时应注意的主要因素，特别在更换支座时必然出现顶升主梁的操作，对伸缩装置而言必然出现的竖向的高差问题。如在伸缩装置不拆除（不解除约束）的情况下进行支座更换又不致破坏伸缩装置，这就是伸缩装置设计时应考虑到其适应性，其适应范围应根据桥梁结构和支座的锚固类型的具体要求来确定。根据一般经验为更换的顶升量都希望尽可能地小，达到能将旧支座取出和新支座放入就位而又不致造成伸缩装置遭到损坏的目的。

附录 A 轴心受压构件整体稳定折减系数

A.0.1 由于制作安装等原因，实际钢结构不可避免地存在结构与荷载的初始偏心和残余应力等，实际钢桥的失稳破坏为弹塑性极值稳定问题。由于结构变形和压力共同作用使得结构产生附加内力，构件截面的初始应力和应力集中使得部分截面先进入屈服状态、截面整体刚度降低。因此，钢桥稳定分析必须考虑结构的初始缺陷、几何非线性和材料非线性的影响。

由于影响弹塑性极值稳定的因素多、计算复杂，钢结构的实际失稳临界应力难以通过计算求得。为了解决钢桥的稳定设计问题，许多研究者进行了大量的受压构件整体稳定和板件局部稳定试验。根据试验结果，板件不发生局部失稳时，轴心受压构件的整体稳定极限承载力可以用 Perry 公式近似表达。图 A-1 给出了我国《钢结构设计规范》（GB 50018—2003）、《公路桥涵钢结构及木结构设计规范》（JTJ 025—86）、Eurocode、BS5400、AASHTO-LFRD、《日本道路桥示方书》中有关整体稳定系数的部分取值。其中 AASHTO-LFRD 的取值最大，《日本道路桥示方书》较为保守，Eurocode 与我国规范的规定值较为接近。本条规定参考了 Eurocode 的相关规定。

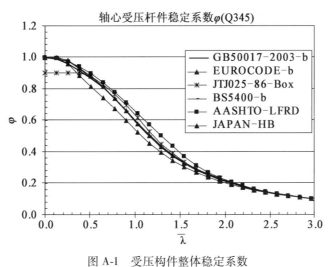

图 A-1 受压构件整体稳定系数

A.0.2 实腹式双轴对称截面构件表现为弯曲失稳形态，构件在强轴或弱轴平面内失稳。对于单轴对称的构件，有可能出现弯扭失稳模态，应考虑扭转的影响。格构式构件的抗剪刚度较小，应考虑剪切变形对稳定的影响，同时，格构式结构为组合构件，应该保证不出现局部失稳。本条关于长细比的规定参考了《钢结构设计规范》（GB 50018）

的相关规定。

A.0.3 构件计算长度指的是失稳状态变形曲线中半个正弦波长的等效长度，表 A.0.3-1 所示的是理想受压构件在理想约束条件下的计算长度。但是，实际结构的约束条件往往很复杂，可用有限元等方法计算，有限元计算模型需能真实反映构件的实际截面和边界条件。按有限元方法计算时，构件的长细比可按下式近似计算：

$$\lambda = \pi \sqrt{\frac{E}{\sigma_{cr}}} \quad (A-1)$$

式中：σ_{cr}——按有限元方法计算的弹性屈曲欧拉应力；

E——材料弹性模量。

附录 B 受压加劲板的弹性屈曲系数

B.0.1 本附录给出的弹性屈曲系数简化方法仅适用于三边简支板一边自由的矩形板元或四边简支矩形板元和加劲板。对于非矩形受压加劲板或开孔较大的矩形板，应采用更精确的方法或有限元方法计算其弹性屈曲系数。

1 工形截面翼缘板和箱梁无加劲肋的悬臂部分可以简化为三边简支板一边自由的板元计算弹性屈曲系数。

2 由刚性加劲肋或腹板分割的板元可以简化为四边简支板计算弹性屈曲系数。

3 当纵向加劲肋刚度大于临界刚度时，可以近似认为加劲板弹性失稳时加劲肋处不发生变形，可以将加劲肋简化为简支边，按无纵横向加劲肋的四边简支板板元的弹性屈曲系数，通常纵向加劲肋的间距大于横向加劲肋的间距，弹性稳定系数可近似按最小值4计算［式（B.0.1-3）］。

柔性加劲肋的加劲板弹性失稳时加劲肋与母板共同变形，加劲肋起到提高母板面外抗弯刚度的作用，可以近似将加劲肋的抗弯刚度换算为母板的抗弯刚度，按正交异性板理论计算弹性稳定系数，该正交异性板近似简化计算方法［式（B.0.1-3）］适用于加劲肋数量不少于3根的情况。对于仅有1根或2根加劲肋的加劲板按正交异性板近似简化计算的误差较大，欧洲规范给出了仅有1根或2根加劲肋的加劲板的弹性稳定系数近似计算方法，可供参考。

4 横向加劲肋的相对刚度满足式（B.0.1-7）的要求时，可以近似认为加劲板弹性失稳时横向加劲肋处不发生变形，可以将横向加劲肋简化为简支边计算弹性屈曲系数。横向加劲肋的相对刚度不满足式（B.0.1-7）的要求时，按正交异性板理论计算弹性稳定系数。

B.0.2 刚性加劲肋的加劲板可以简化为四边简支板元计算弹性屈曲系数，取加劲肋处应力作为计算应力。式（B.0.2-1）仅适用于 $1 \geqslant \sigma_2/\sigma_1 \geqslant -2$ 的情况。

B.0.3 式（B.0.3-1）仅适用于无加劲肋的矩形板段和刚性加劲肋的矩形板元的弹性稳定系数计算。

附录 F 组合梁翼缘有效宽度计算

与混凝土梁桥类似，组合梁混凝土板同样存在剪力滞效应，目前各国规范均采用有效翼缘宽度的方法考虑混凝土板剪力滞效应，但有效翼缘宽度计算方法各不相同。

英国规范（BS5400）第 5 部分通过大量有限元分析及试验研究以表格的形式给出对应不同宽跨比条件下组合梁混凝土板有效翼缘宽度。

美国规范（AASHTO）对组合梁混凝土板有效翼缘宽度有两种规定，即内梁和外梁。其中内梁混凝土板的有效翼缘宽度取下列计算宽度的最小值：

（1）有效跨径的 1/4；

（2）12 倍板厚 + 较大的腹板厚度或一半钢梁顶板宽度；

（3）两相邻梁的平均间距。特别指明了该项规定适用于所有极限状态的抗力计算。

我国《公路桥涵钢结构及木结构设计规范》（JTJ 025—86）混凝土板有效翼缘宽度取下列 3 种宽度中最小值：

（1）桥梁计算跨径的 1/3；

（2）两相邻梁轴线间的距离；

（3）混凝土板承托以外加 12 倍混凝土板厚度（当无承托时，则取钢梁上翼缘的宽度），原规范关于组合梁混凝土板有效翼缘宽度的规定与外部荷载类型无关，与结构形式和部位无关。

欧洲规范 4（Eurocode 1994-2）规定的混凝土板有效翼缘宽度是根据弹性分析得出的，可用于塑性或非线性分析。当进行弹性分析时，全跨采用同样的有效翼缘宽度。欧洲规范 4 的混凝土板有效翼缘宽度由两部分组成，中间和悬臂部分，但中间宽度为连接件的宽度。单侧混凝土板有效翼缘宽度规定为 $l_0/8$，且不大于 b_i，l_0 为梁零弯矩点的间距，考虑边支点混凝土板有效翼缘宽度的减小，给出在端支座处单侧混凝土板有效翼缘宽度的折减系数。

比较表明，欧洲规范 4 对组合梁混凝土板有效翼缘宽度的计算方法较为简单，概念明确，摒弃了混凝土板有效翼缘宽度与厚度相关的规定，适用性更强。

本规范对组合梁混凝土板有效翼缘宽度的规定主要沿用了我国《公路桥涵钢结构及木结构设计规范》（JTJ 025—86）的规定，但取消了混凝土板有效翼缘宽度与厚度相关的规定。依据《公路钢筋混凝土及预应力混凝土桥涵设计规范》（JTG D62—2004）的条文说明，混凝土板有效翼缘宽度与板厚相关的规定主要考虑混凝土板剪切破坏的影响。根据成熟的工程实践经验和国内外已有的组合梁剪力滞理论和试验研究结果，在适当的横向配筋条件下，承载力极限状态下混凝土板一般不会出现纵向剪切破坏形态。此外，引入了连续组合梁等效跨径的概念，将混凝土板有效翼缘宽度的规定推广至连续组合梁，边支点混凝土板有效翼缘宽度折减系数借鉴欧洲规范 4 的规定。

需要说明的是，本规范给出的组合梁混凝土板有效翼缘宽度计算方法仅适用于以受弯为主的组合梁；对于承受压弯荷载共同作用的组合梁（例如组合梁斜拉桥主梁）混凝土板有效翼缘宽度取值宜采用更为精确的分析方法，如采用简化分析方法，弹性状态下可将弯矩和轴力进行解耦，分别采用两种内力状态下对应的混凝土板有效翼缘宽度进行应力分析，然后将两种内力状态计算得到的应力进行叠加。

进行结构整体分析时，可不考虑混凝土板剪力滞效应的影响，各简支及连续梁跨的混凝土板可按全宽进行计算；进行组合梁截面承载力验算时，组合梁混凝土板有效翼缘宽度应按本附录的相关规定取值。

混凝土板承受面内集中力作用时，假定集中力从锚固点位置开始按某一固定扩散角在混凝土板中线性扩散，扩散角数值参照欧洲规范 4 的规定。